따뜻한 금융, 희망을 그리다

따뜻한 금융,
희망을 그리다

행복한 경제를 위한 100년의 약속

배미정·성초롱·박윤예 지음

레인메이커

신

협

은

단순한 금융기관을 넘어

인간 중심, 조합원 중심이라는 남다른 철학을 바탕으로

더불어 사는 사회를 만들고자 노력해왔다.

조합원의 믿음과 사랑으로 성장한 신협은

조합원으로부터 얻은 경제적 이익을 조합원에게 환원함으로써

금융 편익을 제공하고 지역경제 발전에 이바지한다.

문턱 낮은 금융협동조합으로서 중소 자영업자와 영세 노동자를

적극적으로 포용하며,

사회적 기업과 협동조합을 키우는 인큐베이터 역할을 자처한다.

요람에서 무덤까지

평생 곁을 지켜주는

따뜻한 이웃,

든든한 동반자.

그것이 바로 신협이 추구하는 금융의 가치이다.

신

협

은

지역공동체의 중심에 서서

이제 시작하는 이들의 손을 잡아줄 것이다.

그들과   어깨를 나란히 하고,   등을 밀어줄 것이고,

같은 곳을 바라보며,　　함께 걸어갈 것이다.

지역 주민이 신협의 조합원이라는 사실을 자랑스럽게 여기고

직원들이 신협에서 근무하는 것을 보람으로 느끼게 하며,

'수치'가 아닌 '가치'를 추구할 것이다.

신

협

은

오늘도 '사람'을 중심에 두고

'한 사람의 열 걸음보다 열 사람의 한 걸음'이라는 협동 이념을

소중한 가치로 여기며 더불어 사는 사회로 나아가고 있다.

이 땅의 신협은 자조, 자립, 협동을 통해

윤리, 교육, 경제 운동을 실천하는

비영리 협동조합 금융조직임을 항상 잊지 않는다.

경제적 자립과 향상을 원하는

사회 구성원 누구에게나

신협의 문은 활짝 열려 있을 것이다.

'착한 금융'의 성공 모델을 찾아서

⎯⎯

국내외 19개 조합 밀착취재…다양성 속에 빛나는 신협 성공의 DNA를 찾아서
치열한 금융환경 속에서도 신협 정체성 지키려는 노력과 성과 확인하는 기회

⎯⎯

　캐나다 밴쿠버를 여행하다 보면 빨간색 바탕에 흰색 글자로
'Vancity(밴시티)'라고 적힌 간판을 쉽게 발견할 수 있다. 2012년
출장차 밴쿠버에 갔을 때 밴시티가 은행이 아닌 신용협동조합이
라는 얘기를 듣고 깜짝 놀랐다. 대도시에 신협 지점이 이렇게 눈
에 잘 띄는 곳곳에 위치해 있다니, 밴시티의 존재감은 결코 대형
은행에 뒤지지 않았다.
　무엇보다 홍보 문구가 신선하게 다가왔다. 고객에게 더 많은
돈을 벌어주겠다는 게 아니라 '착하게 돈을 버는 데(make good
money)' 동참해달라니. 협동조합인 밴시티의 궁극적 목표는 더

많은 이윤이 아니라 지역사회와 공동체 발전에 더 많이 투자하는 것이다. 조합원에게도 밴시티에 예금하면 환경보호나 고용 창출을 통해 공동체 발전에 직접 기여할 수 있다고 홍보한다. 이자 한 푼이 아쉬운 요즘 이런 '착한' 방식이 통할 수 있을까 의구심이 들었다. 그런데 놀랍게도 이자를 조금 포기하더라도 다 함께 잘 사는 데 투자하겠다는 조합원이 무려 52만 명을 넘었다고 한다.

밴시티는 협동조합이 추구하는 '착한 금융'을 지속 가능한 비즈니스로 정착시킨 사례로 전 세계 신협의 모델이 되고 있다. 기존 은행이 제공할 수 없는 협동조합 고유의 '상생'과 '협동'이라는 차별화된 고객 가치를 내세워 은행, 보험, 자산운용사 등 8개 자회사를 아우르는 종합금융그룹으로 발전했다. 밴시티는 매년 실적을 발표할 때도 이윤보다 지역사회 발전을 위해 얼마나 투자를 늘렸는지 강조하면서 조합원과의 약속을 지켰음을 확인시킨다.

밴시티의 '착한 금융' 모델은 지역사회뿐 아니라 국가적 차원에서도 모범이 되고 있다. 밴시티는 2016년과 2017년 2년 연속 캐나다 투자자문 및 미디어 그룹인 코퍼레이트 나이츠(Corporate Knights)가 선정하는 캐나다 최고의 기업 시민(Corporate Citizen)으로 선정됐다. 유명 대기업과 대형 은행을 제치고 캐나다에서 가장 존경받는 기업의 자리에 오른 것이다.

밴시티의 위상을 보면서 한국 신협의 현주소를 되돌아보게 됐다. 아니 솔직히 궁금해졌다. 우리나라에는 밴시티 같은 신협이 없을까? 우리나라에서는 어떤 신협이 지역사회의 신뢰를 받고 있을까? 한국에서 신협은 '착한 금융'의 성공 모델이 될 수 있을까?

우리나라 전체로 보면 신협은 전국 9백여 곳 조합에 6백만 명의 조합원을 둔 거대한 금융협동조합이다. 글로벌 기준으로도 자산 규모가 82조 원으로 미국, 캐나다, 호주에 이어 세계 4위라고 한다. 아시아에서는 가장 큰 규모이다. 매년 열리는 세계신협협의회 총회에 취재차 가봤더니 한국 신협의 위상은 예상보다 대단했다. 세계신협협의회 이사이자 아시아신협연합회 회장국으로 당당하게 발언권을 행사했으며, 아시아 신흥국은 너도 나도 한국 신협의 성공 노하우를 배우고자 했다.

하지만 미국, 캐나다 등 해외 신협에 비하면 국내 신협의 위상은 상대적으로 낮은 편이다. 58년의 역사를 지닌 우리나라 최초 민간금융협동조합의 효시라는 신협인들의 자부심에도 불구하고, 언론이나 금융 당국 등 제3자가 바라보는 신협의 위상과 브랜드 이미지는 여전히 열위임은 부정할 수 없는 사실이다. 최근 지역금융에 대한 관심이 커지고 있지만 신협 같은 상호금융보다는 시중은행이 주축이 되고 있어 서민금융이 약화되지 않을까 우려되기도 한다.

신협은 조합원을 중심으로 자금을 조성·운용하기 때문에 상호

금융기관이라 부른다. 1960년대에 고리사채로 고통받는 서민들의 자금난을 해소하기 위해 태동했고, 이 역할은 양극화가 심화되고 있는 오늘날에도 유효하다. 그래서 신협은 서민금융기관으로 분류된다.

하지만 금융시장이 혼란스러울 때마다 신협은 시중은행과 똑같이 건전성 검증을 받아야 했고, 규제는 강화돼왔다. 서민금융이라는 본연의 역할과 건전성 및 수익성을 중시하는 시장의 평가가 상반되기 때문이다.

특히 글로벌 금융위기 이후 조합별로도 부익부 빈익빈의 양극화가 심해지면서 신협의 비대화와 영세함이 동시에 비판받는 상황이다. 한쪽에서는 신협의 자산 규모가 비과세 혜택으로 인해 과도하게 불어나고 있는 점을 우려한다. 비과세 혜택이 일부 자산가들의 재테크 수단으로 변질돼 서민중산층의 자산 증식을 돕는 신협 본연의 역할이 무색해진다는 비판도 있다. 또 다른 한편에서는 영세성으로 인한 취약한 내부통제 시스템이 도마에 오르기도 한다.

이는 전체 신협에 대한 규제를 강화하는 빌미가 돼, 건전 경영으로 지역민의 신뢰를 쌓아온 우량 신협에도 공신력 하락이라는 악재로 작용한다. 단위조합 수가 9백여 개로 늘어나면서 경영을 잘하는 조합과 못하는 조합의 차이가 생기는 것은 당연하다. 더 큰 문제는 신협 내부적으로도 정체성 혼란이 커졌다는 점이다. 그동안 지역 유대를 중심으로 성장해왔는데 교통과 인터넷의 발달로 연결고리가 점점 약해지고 있으며, 협동조합 고유의 유대감과 정체성이 옅어졌다. 한국 신협은 고유의 정체성을 유지하면서 경영 성과를 동시에 추구해야 하는 딜레마에 놓여 있는 셈이다. 대내외 불확실성에 흔들리지 않는 지속 가능한 신협만의 비즈니스 모델이 정착되어야 하는 이유다.

우리는 이 책을 집필하면서 신협 비즈니스의 성공 모델을 찾기 위해 다양한 현장의 목소리를 듣고자 했다. 오랜 역사를 자랑하는 신협, 우수한 경영 실적을 토대로 지역 내 입지를 굳힌 신협, 선도 조합으로 선발돼 다른 조합의 모범이 되고 있는 신협 등 스무 곳을 신협중앙회로부터 추천받았다. 그리고 이들을 직접 방문해 취재한 뒤 구체적인 특징을 분석했다.

우리가 방문한 조합은 대개 오랜 기간 숱한 위기를 극복하면서 나름의 생존 기반을 탄탄히 닦아왔다. 협동조합의 기본 정신을 중요 자산으로 삼고, 이를 전략적으로 활용함으로써 충성 조합원을 확보하고, 안정적인 수익과 신뢰를 창출하고 있다. 특히 현장에서 지속 가능한 '착한 금융' 모델을 만들기 위해 치열하게 뛰고 있는 신협 활동가들도 많이 만날 수 있다. 총자산이나 연체율 같은 통계로는 잡히지 않는, 신협 정체성을 지키려는 노력과 성과를 확인하는 기회가 됐다. 이들의 실패와 성공 경험, 지속 가능한 성장 모델이 신협과 지역사회 전체에 공유됨으로써 신협뿐 아니라 전체적인 사회적 경제의 기반을 구축하는 데 도움이 되기를 기대한다.

개인적으로는 취재 과정에서 따뜻한 에피소드를 듣고 가슴이 뭉클할 때가 많았다. 신협의 장학금 덕분에 대학에 입학해 어엿한 사회인으로 성공하고 꿈을 찾게 된 조합원, 한 달 내내 지역사회 어르신들을 위해 손수 김치를 담그는 신협 직원, 요람에서 무덤까지 조합원의 일생과 함께하고 싶다는 이사장의 꿈을 접하면서 이들이 꿈꾸는 '다 같이 행복한 사회'를 함께 희망하고 응원하게 됐다.

우리에게 이 책을 집필할 수 있는 소중한 기회를 준 신협중앙회장을 비롯한 모든 임직원들에게 감사의 인사를 전한다. 또 바쁜 업무 시간을 쪼개 우리를 환대해준 전국의 신협 조합 임직원들께도 감사드린다.

2018년 봄
배미정, 성초롱, 박윤예

추천사

신협은 지난 60여 년간 건전한 경영을 통해 지역민과 이익을 나누고 이를 통해 금융 이상의 가치를 만들기 위해 쉼 없이 노력해 왔습니다. 《따뜻한 금융, 희망을 그리다》는 국내 신협 17곳과 해외 신협 2곳의 경영 노하우를 현직 기자들이 발로 뛰어 취재한 첫 책입니다. 이 책이 서민들의 따뜻한 동반자로 늘 함께하고자 하는 신협의 가치를 널리 전파하는 메신저가 되기를 희망합니다.

—김윤식, 신협중앙회 회장

협동의 힘이 새롭게 조명 받고 있습니다. 세상 모든 사람들이 경제적 이윤이나 돈벌이를 위해서만 사는 것은 아닙니다. 눈앞의 이익, 그 이상의 의미를 찾으려는 독자에게 이 책은 친절하고도 눈 밝은 길잡이가 되어줍니다.

—최종구, 금융위원회 위원장

각박한 세상에서 묵묵히 나눔의 가치를 전하는 곳이 있습니다. 혼자서만 잘 살기보다 주변의 이웃을 돌아보고 함께 걸어가려는 곳이 있습니다. 신협이 바로 그곳입니다. 신협은 작은 나눔과 봉

26

사가 우리 가정과 사회를 변화시킬 수 있다고 믿습니다. 제가 신협을 응원하는 이유입니다.

—차인표, 신협사회공헌재단 홍보대사

지금은 소득 양극화와 금융 양극화를 개선하기 위한 사회적 가치와 사회적 금융의 역할이 필요한 시기입니다. 이 책은 한국의 밴시티를 꿈꾸면서 조합원의 유대 강화와 이익 공유, 그리고 금융 취약계층과 마을기업, 지역공동체 발전을 위한 모범적인 신협의 노력과 역사를 싣고 있습니다. 사회적 가치를 추구하는 신협의 성공 사례가 다른 신협과 금융기관으로 확산되어 금융 양극화가 조금이나마 해소되는 계기가 되기를 희망해봅니다.

—남주하, 서강대 경제학부 교수

부족한 사람들은 더불어 함께하며 서로를 채워줘야 합니다. 이 책에 소개된 개별 지역조합의 성공 사례도 마찬가지입니다. 그들이 어려움을 딛고 지금의 성공을 이룰 수 있었던 것은, 사람을 가치의 중심에 두고 연대하며 행복한 지역사회를 만들겠다는 신협의 경영 철학이 밑바탕에 깔려 있기 때문입니다. 앞으로 우리가 보듬고 키워나가야 할 금융연대의 모습이 여기에 있다고 믿습니다.

—이재연, 한국금융연구원 선임연구위원

CONTENTS

제1장

건전 경영으로 조합을 리딩하다

변화와 혁신이
성장 에너지다

경쟁이 치열할수록 차별화된 전략이 절실해진다. 동서울신협은 충성 조합원에게
금리뿐 아니라 차별화된 비금융 서비스를 제공함으로써 존재감을 강화하고 있다.
직원의 자율성과 전문성을 인정하는 조직 문화를 토대로 부실 조합 합병 위기를
극복하고, 끊임없는 혁신을 추진해 서울 시내 1등 조합으로 성장했다.

서울 강동구 암사역 주변에는 대형 시중은행 지점이 옹기종기
모여 치열하게 경쟁하고 있다. 동서울신협이 이곳 암사역 인근
에 본점을 이전하면서 본격적 경쟁에 뛰어든 지 10여 년이 지났
다. 그사이 천주교 신자들이 만든 조그마한 신협은 2015년 송파
구 잠실의 대형 신협까지 흡수합병하면서 서울 동쪽 지역을 대표
하는 1등 신협으로 성장했다.

동서울신협의 창구는 언제나 다양한 조합원들로 붐빈다. 변화와 혁신에 매진해온 동서울신협은 조합원에게 파격적 혜택을 제공하면서 탄탄한 주거래 고객층을 확보했다.

동서울신협이 은행보다 나은 이유는?

동서울신협은 1979년부터 천호동 성당에 있던 본점을 2006년 암사역 시가지로 옮기면서 덩치를 키웠다. 200억 원대에 불과했던 자산은 2009년 현재 암사 본점 위치로 옮기면서 1천 억 원대로 불어났다. 조합원들이 조금이라도 편리하게 신협을 이용할 수 있도록 점포를 옮기고 공간을 리모델링한 덕분이다. 이진구 동서울신협 이사장은 "신협이 은행보다 뒤처질 이유가 없죠. 본점 이전으로 조합원에게 최고의 혜택을 제공하면서 탄탄한 주거래 고객층을 확보할 수 있었습니다"라고 말한다.

동서울신협은 저비용의 주거래 고객을 늘리겠다는 목표로 다른 금융기관이 제공하지 못하는 파격적 혜택을 제공한다. 매년 두 차례 진행하는 특판 예·적금은 조합원들이 손꼽아 기다리는 이벤트로 자리 잡은 지 오래다. 체크카드 월평균 사용금액이 30만 원 이상이거나, 자동이체 건수 3건 이상, 요구불예금(입·출금이 자유로운 예금) 연평균 잔액 1백만 원 이상 등 평소 동서울신협과 거래가 많은 고객을 대상으로 최고 4퍼센트의 우대금리를 제공한다. 매달 불입 금액 한도를 50만 원으로 제한해 시중은행 대비 세 배 이상 높은 연 6퍼센트의 적금 금리도 제공한다. 개인별로 지급되는 추가 이자는 연간 5만 원 안팎에 불과하지만 금리 한 푼이 아쉬운 고객에게는 적지 않은 혜택이다.

주거래 조합원에게 차별화된 혜택을

조합원들이 주거래은행으로 동서울신협을 선택하는 이유는 높은 금리뿐만이 아니다. 동서울신협 조합원만이 누릴 수 있는 특별한 혜택은 따로 있다. 동서울신협은 2012년부터 우수 고객과 함께 1년에 봄, 가을 두 차례 단체 여행을 떠난다. 매회 200~300명의 조합원이 참여하는데 지난 2017년 가을에 기획한 남한산성 여행에는 무려 800명이 신청해 나흘간 나눠서 진행해야 했다. 강승건 동서울신협 전무는 "단순히 놀고 먹는 여행이 아닙니다. 알찬 프로그램으로 국내 명소에 숨은 역사와 아름다운 자연을 돌아보는 동시에 조합원 교육을 실시해 충성도를 높이는 전략이 들어 있습니다"라고 강조했다.

여행 중 음주가무는 엄격히 금지된다. 그런데도 프로그램이 알차서 중장년층 조합원들의 만족도가 높다. 여행 참가 자격도 동서울신협과 평소 거래를 많이 하는 주거래 고객으로 제한했다. 예컨대 자동이체를 신규 등록하거나, 체크카드 한 달 10만 원 이상 사용실적을 충족하거나 공제(보험) 신규 가입자만 신청할 수 있다. 거래 액수가 많지 않아도 참여할 수는 있지만, 꾸준한 거래가 없으면 만족하기 어려운 조건이다. 여기에는 신협과 꾸준히 거래하는 조합원들을 더 많이 확보하겠다는 동서울신협의 전략이 담겨 있다.

예약 취소 방지 차원에서 회당 2만 원 안팎의 기본 경비를 받는데도 불구하고 조합원 사이에 입소문이 퍼지면서 매년 신규 참가자가 늘어나고 있다. 그뿐만 아니다. 반복해서 참가하는 조합

2017년 10월 조합원들과 함께 떠난 라오스 여행. 조합원을 위한 국내외 여행 프로그램은 신협 조합원들에게 소속감과 자부심을 심어주기에 충분하다.

원이 늘면서 조합원 사이의 우애도 깊어졌다. 동서울신협 입장에서는 충성 조합원을 확보할 수 있을 뿐 아니라 신협의 대소사를 알리며 조합원 교육까지 할 수 있어 일거양득인 셈이다.

2013년 일본 여행에 이어 2015년부터는 해외여행도 정기적으로 떠나고 있다. 2015년 타이완, 2016년 베트남, 2017년에는 라오스를 다녀왔다. 2017년 10월 떠난 라오스 여행은 5월 신청을 받자마자 90명 정원이 마감될 정도로 큰 인기를 끌었다. 이진구 이사장은 "60~70대인데도 평생 해외여행 한 번 못 가본 조합원들이 많이 고마워하죠. 가능하면 더 많은 조합원들에게 신협 조합원이라는 소속감과 자부심을 심어주고 싶습니다"라고 말했다.

동서울신협의 노래 교실도 충성 조합원들에게 인기 만점인 서비스다. 매주 수요일 업무 시간이 끝난 저녁, 동서울신협 본점 객장은 시끌벅적한 노래 교실로 변신한다. 2013년 6월부터 시작된 노래 교실은 지역 상인을 포함해 직장인들이 묵혀둔 스트레스를 푸는 해방구로 자리 잡았다. 공간이 한정되어 있어 매회 참가자 수는 100명으로 제한되는데 인기가 많아 선착순으로 모집할 정도다.

물론 노래 교실도 여행과 마찬가지로 아무나 참여할 수 없다. 워낙 인기가 많은 탓에 더욱 까다로운 주거래 고객 요건이 붙는다. 예컨대 자동이체 3건 이상 보유자, 체크카드 직전 3개월 50만 원 이상 이용자, 현대카드 발급자 및 신규 발급자 등이 해당된다. 이 같은 조건에도 불구하고 늘 수강생이 만원이다.

이처럼 동서울신협은 고금리 특판뿐 아니라 여행과 노래 교실 같은 각종 비금융 이벤트로 충성 조합원을 확보하고 저비용의 요구불예금을 늘려나가고 있다. 실제로 동서울신협의 요구불예금은 2012년 3월 말 기준 65억 원에서 2017년 12월 말 기준 300억 원대로 4.5배 이상 증가했다. 단순히 금리를 쫓아오는 사람이 아니라 신협을 꾸준히 이용하는 사람을 우대하는 동서울신협의 전략이 통한 것이다. 직원들도 진성 조합원에게 더 많은 혜택을 환원하는 비금융 이벤트를 중요한 업무 중 하나로 생각하고 적극적으로 참여한다.

동서울신협은 직원 교육을 중시한다. 연수원 교육뿐 아니라 인터넷 강의를 필수 과정으로 지정하고 직원 평가에 반영해 직원들의 학습을 독려하고 있다. 단순히 강의를 듣기만 하는 게 아니라 시험 과정에 감독관을 배치하고 전 직원을 대상으로 자체 평가도 수시로 진행해 학습 과정을 엄격하게 점검한다. 직원들의 금융자격증 취득을 필수 목표로 하고, 인사 관리 및 교육 규정에도 이를 정식으로 반영해 동기를 부여한다.

예컨대 직원들은 직급별로 교육 과정에서 정한 사이버 교육을 매년 2과목 이상 수강해야 한다. 평가 점수가 80점 미만이면 승진이 1년 미뤄진다. 조합 자체 평가를 2회 이상 받지 않거나 평가 점수가 평균 70점 미만인 사람도 마찬가지다. 또 직급별로 승진에 필요한 자격증을 반드시 따야 한다. 예를 들어 과장은 회계관리 1급, 차장은 AFPK(한국재무설계사) 자격증을 의무적으로 따야 한다. 이 같은 승진 규정은 직원들을 객관적인 기준으로 공정하게 평가하고, 직원들이 업무 역량을 자연스럽게 키울 수 있도록 동기를 부여하는 데도 유리하다.

승진 규정에서 특이한 점 중 하나는 '마에스트로'라는 제도이다. 마에스트로는 '마스터' 또는 '교사'의 이탈리아어로, 한 분야에서 타고난 전문성을 보이는 예술가나 전문가를 가리킨다. 우리말로는 '거장'이라고도 부른다. 다른 이들을 지휘할 수 있을 정도로 전문성을 지닌 스승 자격이 있는 사람에게 부여하는 칭호다.

그런데 동서울신협에도 이 마에스트로가 있다. 2017년 직원들의 업무 역량을 끌어올리기 위해 새롭게 도입한 제도로서, 직원 중 담당 업무를 최고 수준으로 습득하고 조합에 적용하는 자로 정한다. 한 개 업무당 최대 2명의 마에스트로를 정할 수 있다. 이들은 자격증 수당을 받으며 승진 평가 점수를 5점 우대한다. 마에스트로의 활동에 명예를 부여하는 한편 보상으로까지 연결한 것이다.

신협은 일반 금융기관과 달리 여신과 수신, 전자금융 같은 일반 업무뿐 아니라 총회와 이사회 회의 지원 같은 다양한 부수 업무를 해야 한다. 모든 직원이 이런 업무에 능통할 수는 없는 게 엄연한 현실이다. 하지만 업무 관련 데이터가 잘 축적되고 동료들에게 수시로 전수될 수 있다면 인사이동이 있더라도 업무 누수를 막을 수 있다. 여기에 착안한 동서울신협은 각 업무에 가장 능

통한 직원을 마에스트로로 임명해 업무 관련 전문성을 높이 평가하는 한편, 이들이 축적한 지식을 다른 동료에게 전수할 수 있도록 독려했다.

마에스트로는 직급에 관계없이 임명한다. 업무에 따라 사원이 될 수도 있고, 차장이 될 수도 있다. 직원들에게도 마에스트로가 되는 것은 영예이다. 그렇기 때문에 해당 분야에서 자발적으로 역량을 강화하려고 노력하는 유인이 될 수 있다. 이진구 이사장은 "직원들이 우수해야 조합원이 더 많은 혜택을 받을 수 있습니다. 직원들이 장인 정신을 갖고 업무에 임할 수 있도록 시스템을 마련하는 것은 당연하고도 긴급한 일입니다"라고 말한다.

직원 모두가 주인의식으로 뭉치다

이진구 이사장 사무실 책장 한편에는 아이들 사진이 유독 많다. 본인의 친손주 사진인가 했더니 동서울신협 여직원들의 아기 사진이다. "우리 직원 자식들이 내 자식이나 마찬가지지요"라고 말하는 모습은 여느 자식 자랑하는 아버지와 다름없었다. 그는 동서울신협이 설립 이래 37년간 흑자 경영을 지속하고 2017년에는 창설 이래 가장 높은 당기순이익 51억 원을 실현할 수 있었던 공을 모두 직원들에게 돌렸다. "직원들이 주인의식을 갖고 열심히 일해준 덕분입니다. 직원들 모두가 이사장인 셈이지요."

동서울신협이 서울을 대표하는 대형 신협으로 거듭날 수 있었던 가장 큰 계기는 2015년 잠실신협을 성공적으로 합병하면서다. 이때 이름을 '강동신협'에서 '동서울신협'으로 바꾸고 영업구역을 송파구로 확대하면서 고속 성장했다. 하지만 합병 과정은 결코 순탄하지 않았다. 당시 잠실신협은 동서울신협보다 덩치가 컸을 뿐 아니라 재무상태 개선 대상으로 지정되면서 대출비율이 급격히 떨어져 있었다. 동서울신협 입장에서는 합병과 동시에 적자가 날 위기였다.

하지만 신협의 발전을 위해서, 다른 조합의 어려움도 같이해야 한다는 사명감으로 과감히 합병을 결정했다. 잠실신협은 합병 전 부실에 대한 불안감 때문에 높은 금리만 보고 타지에서 잠시 몰려왔던 예치금이 매달 수십억 원씩 빠져나가고, 대출비율도 40퍼센트 미만까지 뚝 떨어질 정도로 상황이 열악했다. 모든 것을 바로 세워야 했다. 동서울신협 임직원들은 2014년부터 2015년까지 약 2년간 밤낮을 가리지 않고 잠실신협을 오가며 영업과 홍보에 주력했다. 점포 리모델링부터 직원 교육에 이르기까지 조합의 모든 것을 처음부터 다시 만드는, 지난하고 힘겨운 일이었다. 당장 수익이 날 리도 없었으므로 직원들은 보상도 받지 못한 채 이전 업무량의 두 배를 묵묵히 소화해야 했다.

하지만 온 직원이 합심해 고생한 결과는 값졌다. 입출금 예금과 대출 모두 합병 당시보다 두 배 가까이 늘어나는 높은 성장세를 기록하면서 동서울신협은 2016년에 창설 이래 최대 실적을 올렸다. 조합원은 2.7퍼센트의 배당을 받았으며, 함께 애쓴 직원들도 200퍼센트 성과급으로 그동안의 노고를 보상받았다. 어려운 시기에 희생해준 직원들에게 잘됐을 때 제대로 보상해줘야 직원들이 '조직과 더불어 성장할 수 있다'는 기대감을 가지게 된다는 사실을 동서울신협은 잘 알고 있었다.

빠른 의사결정 시스템도 동서울신협의 강점이다. 동서울신협에는 이사장이 주재하는 회의가 따로 없다. 합리적이고 효율적인 업무를 위해 매주 목요일 열리는 팀장 회의 외에 불필요한 회의나 보고는 최소화한다. 대신 모든 경험은 수치로 집계하고 분석하는 것을 경영 원칙으로 정착시켰다. 구성원들이 동일한 정보를 쉽고 빠르게 공유할 수 있게 하기 위해서다. 또 문제가 발생했을 때 비슷한 사례를 통해 발생 원인과 과정을 분석하고, 실수를 반복하지 않게 조치하는 데도 유리하다.

예컨대 조합원 여행 상품 출시 초기에 노쇼(No-Show)가 10퍼센트 가량 발생한다는 통계가 집계됐다. 동서울신협은 이 통계를 바탕으로 노쇼 환불 불가 방침을 세우고 해당 금액은 기부하기로 제도를 바꿨다. 그러자 신기하게도 노쇼가 완전히 사라졌다. 이처럼 매주 경영 성과나 경험을 통계화해 팀장 회의에서 공유하고 직원들로부터 새로운 사업 아이디어를 받는 문화는 동서울신협의 자랑이다. 직원들의 자율성을 최대한 존중하는 조직 문화 속에서 매일 혁신이 이뤄지는 것이다.

바이럴 마케팅으로 지역사회 구석구석 스며들다

동서울신협은 실적 목표를 달성하기 위한 방법으로 입소문 마케팅을 중시한다. 고객과 조합원들의 눈에 지속적으로 띄기 위해 전방위로 동서울신협 이미지와 명칭을 노출하고 있다.

전통시장은 사람들이 많이 오가는 대표적인 장소이다. 동서울신협은 전통시장 살리기 캠페인을 입소문 마케팅 수단으로 활용했다. 암사시장 등 7개 전통시장과 협약을 체결하고 온누리상품권을 판매했다. 자체 봉투도 제작했다. 그 결과 6년여에 걸쳐 175억 원을 판매하는 성과를 거뒀다. 또 시장 상인들이 자리를 비우기 어렵다는 사정에 착안해 찾아가는 금융창구 서비스를 시행했다. 장사하는 상인들이 동전 교환, 예금과 공과금 수납 등을 현장에서 바로 해결할 수 있도록 원스톱 서비스를 실시해 호평을 받기도 했다.

한편 동서울신협은 가내수공업 등을 꾸려 살아가는 영세 상인을 위한 금융 편의를 제공하는 데도 게으르지 않다. 직원들은 매주 3회 이상 업무가 끝난 뒤 담당 구역을 방문해 업체 및 직원들이 갖고 있는 대부업 등 고금리 대출을 상담해준다.

특히 햇살론은 버스정류장 및 지하철역 전단지 배포, 지역신문 및 인터넷 광고 등을 통해 전방위 마케팅을 실시했다. 그중에서도 차량 랩핑 광고가 가장 효과적이었다. 차량 외관에 홍보하고자 하는 내용을 덧씌워 해당 차량을 정기적으로 운행했다. 광고 차량은 마치 선거 운동 하듯이 강동구 전역을 돌아다니면서 동서울신협을 홍보했다. 그 밖에 지역 행사나 축제에 대형 애드벌룬을 띄움으로써 불특정 다수에게 동서울신협을 노출하는 광고를 진행하기도 했다. 전단지를 뿌릴 때도 신용카드와 같은 모양으로 만들어서 사람들이 바로 버리지 않고 다시 한 번 확인하도록 만드는 아이디어를 담았다.

인터넷과 스마트폰에 익숙한 2030세대를 타깃으로 한 네이버 검색과 지식인, 블로그, 페이스북 광고에도 열심이다. 특히 지식인이나 블로그는 별도의 비용을 들이지 않고도 직원들이 시간만 투입하면 효과적으로 상품 정보를 제공할 수 있어 효율적이다. 이 같은 홍보 노력 덕분에 동서울신협은 2010년과 2013년 각각

지역사회 곳곳에 살갑게 스며드는 동서울신협의 사회공헌활동은 다방면에서 이루어진다. 소외
계층을 위한 봉사활동도 그중 하나이다.

국무총리실과 기획재정부에서 햇살론 우수취급기관으로 선정됐
다. 또 서민금융포럼 및 서민금융대상 시상식에서 2012년 기획
재정부 장관상을, 2014년에 금융위원장상, 2016년에는 금융위
원장상을 받았다.

　동서울신협은 노인잔치 및 경로당 후원 봉사, 지역 내 암사선
사문화축제와 강동구생활체육대회 후원 봉사, 어린이 금융 체험
교실 등을 운영하면서 지역사회의 든든한 후원자로 자리매김하

고 있다. 주민자치위원회나 공공기관의 각종 위원회에도 직원이 꼭 한 사람씩 참여하면서 강동구에서 일어나는 대소사를 챙긴다. 그래서 강동구에서 무슨 일이 벌어지는지 알려면 동서울신협에 물어봐야 한다는 얘기가 나올 정도다.

동서울신협은 2030년까지 강동, 송파 인구 대비 조합원 비율을 현재 2퍼센트에서 10퍼센트로 늘리는 게 목표다. 누군가에게는 언뜻 터무니없는 목표처럼 들릴지도 모른다. 그러나 끊임없이 변화와 혁신에 매진하는 동서울신협 직원들에게 그 목표는 결코 허황된 구호가 아니다. 다른 금융기관과의 차별화를 통해 신협의 경쟁력을 강화하는 한편, 멀리 보는 눈으로 미래에 대비하는 동서울신협의 다음 행보는 더 높은 곳을 향해 있다. 어쩌면 '강동구와 송파구 구민 모두를 조합원으로 만드는' 동서울신협의 비전도 전혀 불가능한 목표만은 아닐 것 같다.

동서울신협의 오늘

동서울신협은 2015년 잠실지점 합병 후 서울에서 가장 큰 신협이 되었다. 꾸준한 성장을 통해 2017년 자산 4,000억 원을 달성했고, 경영 실적에서도 창립 이래 최대 흑자를 기록했다. 믿고 거래할 수 있는 튼튼한 지역 금융기관으로 성장한 동서울신협은 조합원을 위한 집중적인 서비스와 전방위 마케팅으로 지역사회에서 나날이 존재감을 키워가고 있다.

나눔의 가치를 넘어
지속 가능한 상생으로

제아무리 훌륭한 비전도 효과적 경영 전략이 뒷받침되지 않으면
빛 좋은 개살구일 뿐이다. 제주를 대표하는 금융협동조합인 제주 제민신협은 탄탄한
팀워크를 바탕으로 혁신 전략을 실천하며 신협인의 자부심을 세우고 있다.

지난 2010년 제주 제민신협의 조합원 수는 전년도 3만 명에서 1만 3,500명으로 '반토막' 났다. 거래 실적 없는 '유령' 조합원 1만 6,000여 명을 강제 탈퇴시켰기 때문이다. 협동조합에서 조합원 수는 조합 규모와 위세를 보여주는 중요한 지표다. 다른 조합이 조합원 수를 한 명이라도 더 늘리겠다고 최소 출자금 기준을 낮추는 등 조합 확대 방안을 고민하는 와중에, 조합원을 절반 이상

2017년 제민신협 정기총회 모습. 제민신협은 조합원들과 함께 2010년에 세운 2020 비전을 착실히 수행해나가고 있다.

정리한 제민신협의 결단은 이례적이었다.

이게 전부가 아니다. 신규 조합원의 계좌당 최소 출자 금액도 1만 원에서 10만 원으로 10배나 올렸다. 최소 출자금 기준을 높이는 결정은 결코 쉽지 않았다. 진입 장벽을 높이겠다는 소식을 반길 조합원이 어디 있으랴. 물건 값을 깎아주기는 쉽지만 올려 받기는 어렵다. 조합원들의 심리적 저항은 불 보듯 뻔했다.

하지만 제민신협은 흔들리지 않았다. 신협과 진정을 다해 거래하는 조합원이 신협의 주인이 되어야 한다는 원칙을 굽힐 수는 없었다. 이는 2010년 세운 '2020 비전'의 첫 번째 과제이기도 했다. 고문화 제민신협 이사장은 "협동조합의 주인인 조합원을 어떻게 정의하느냐는 신협이 꼭 짚고 넘어가야 할 중요한 문제입니다. 결론적으로 우리는 충성도 높은 조합원 중심으로 양질의 서비스를 제공하는 게 우리가 나아가야 할 방향이라는 데 합의했죠"라고 말했다.

최소 출자금 올리는 '역발상'이 조합원 자부심 키워

제민신협의 남다른 전략은 임직원 모두가 한마음으로 치열하게 고민한 결과다. 이사장 개인 혹은 일부 직원이 강압적으로 밀어붙인 게 아니었다. 10만 원이라는 최소 출자금 기준도 내부적으로 조합원 거래 규모 등 관련 데이터를 치밀하게 계산한 끝에 얻은 결론이다. 진성용 제민신협 상무는 "내부 시뮬레이션 결과 최소 출자금이 10만 원 이하가 되면 정치적으로 악용될 소지가 있을 뿐 아니라 휴면 계좌가 될 가능성이 높아요. 그렇다면 조합원 본인에게도 손해라는 결론이 나왔죠"라고 설명했다.

제민신협은 1975년 9월 제주시의 대학교수, 기업인, 의사 등 지역 명망가들이 뜻을 모아 설립했다. 제주시의 수많은 소상공인이 사채시장의 악성 고리대금으로 어려움을 겪던 시기였다. 이런 상황에서 설립된 제민신협은 지역 서민과 중소상공인에게 '착한' 자금을 공급하면서 빠르게 성장했다. 그 덕분에 1997년 불어닥친 외환위기 여파에도 제민신협은 끄떡없었다. 조합원 수가 한때 4만 명에 육박하기도 했다.

그러나 거듭된 성장의 이면에 잠재적 위험 요소가 도사리고 있었다. 4만 명에 달하는 조합원 중에는 허수도 상당수 포함되었다. 상임이사장 제도가 처음 도입된 2002년, 임원 선거가 과열되어 1년 새 무려 1만 3천 명의 신규 조합원이 가입한 것이다. 거래와 무관한 조합원들이 대거 유입되고, 임원 선거 이후 한동안 내홍이 이어지면서 조합 경쟁력은 점차 약화됐다.

제민신협은 임원 선거 과열 현상을 막기 위해서라도 조합원 자격을 강화할 필요가 있다는 데 뜻을 모았다. 곧이어 2010년 '자부심이 되는 일등 신협'이라는 2020 비전을 세우면서 조직 기반 재정비에 본격적으로 돌입했다.

그 과정이 결코 순탄하지만은 않았다. 하지만 제민신협의 결정은 옳았다. 비록 조합원 수는 절반 가까이 줄었어도 2010년 이후 2016년까지 출자금은 오히려 두 배 이상 늘었다. 일부의 우려와 달리 유령 조합원들은 탈퇴 결정에 이렇다 할 불만을 갖지 않았다. 그들은 애초 신협 운영에 큰 관심이 없었다. 반대로 주인 자격을 인정받은 조합원들의 애정은 더욱 깊어졌다. 조합원 1인당 평균 출자금은 어느새 210만 원을 훌쩍 넘겨 최소 출자금 기준을 무색하게 만들었다.

이와 함께 충성 조합원 대상 혜택이 확대되면서 서비스 만족도가 높아졌고, 줄어든 조합원 수도 서서히 늘어나기 시작했다. 여느 조합과 반대로 출자금 기준을 올린 '역발상' 전략이 통한 것이다. 무엇보다 충성도 높은 조합원이 늘어나야 지속 가능한 경영을 보장할 수 있다는 믿음, 지난 40여 년간 조합원과 쌓아온 두터운 신뢰가 있기에 가능한 일이었다.

'요람에서 무덤까지' 조합원과 동반 성장

제민신협의 최연소 조합원은 한 살이다. 갓 태어난 아기가 조합원이 되는 일이 어떻게 가능할까. 제민신협은 2010년부터 조합원이 첫째 아이를 출산하면 자녀 이름으로 출자금 통장을 개설해 출산 장려금 10만 원을 지급하고 있다. 조합원의 자녀는 태어나자마자 받은 이 출산 장려금을 출자금 삼아 첫 금융거래를 시작하게 된다. 즉 출생과 동시에 제민신협의 새로운 조합원이 되는 것이다. 첫째 아이에게만 혜택이 주어지는 게 아니다. 제민신협은 조합원이 둘째를 출산할 때 20만 원, 셋째는 50만 원, 넷째 이상은 1백만 원을 장려금으로 지급한다. 이러한 제도 덕분에 제민신협에서는 매년 100명 안팎의 한 살짜리 조합원이 계속해서 탄생하고 있다.

2010년 도입된 제민신협의 조합원 출산 장려금 제도는 2008년 전 직원 워크숍에서 나온 아이디어가 성공적으로 도입된 사례로서, 전국 신협을 통틀어 유일무이하다. 당시 지역사회 전반에 저출산과 고령화 현상이 심각해지면서 조합에서도 조합원의 고령화 문제가 대두됐다. 제민신협 차원에서도 젊은 조합원을 유치하는 게 향후 지속 가능한 경영을 담보할 중요한 과제였다. 출산 장려금 제도는 이 둘을 동시에 해결할 기발한 아이디어였다.

물론 아무리 좋은 제도라 해도 전면적으로 시행하기에는 부담이 있었다. 제민신협은 끝장 토의 끝에 기존 상조금과 마찬가지로 충성도 높은 조합원에 한해 출산 장려금을 지급하기로 했다. 조합원 중에서도 조합에 가입한 지 만 1년 이상 경과되고, 해당일 직전 출자금의 연평균 잔액이 1백만 원 이상, 동일세대 일반 거래 실적 평균 잔액이 20만 원 이상인 조합원으로 대상을 한정했다.

이렇게 시작된 출산 장려금 제도는 일회성 이벤트로 그치지 않

제민신협문화센터에서 열린 고전무용 교실. 제민신협의 울타리 안에서는 누구든 행복한 여가생활을 즐길 권리가 있다.

앉다. 젊은 층이 지속적으로 신협 거래를 이어가는 동기가 되었고, 지역사회 출산율 제고 측면에서도 긍정적으로 작용했다. 제민신협은 저출산 문제 해결에 기여한 공로를 인정받아 2015년 제4회 인구의 날에 제주도지사 표창을 수상했다.

사실 이러한 제도는 제민신협이 꿈꾸는 미래에 한 걸음 가까이 다가서는 일이기도 하다. 제민신협의 비전은 '요람에서 무덤까지' 조합원들의 튼튼한 울타리로서 조합원뿐 아니라 지역사회의 자부심이 되는 것이다.

제민신협의 조합원으로 자란 자녀는 학교를 다니면서 제민신협에서 장학금을 받고, 사회에 진출해서는 월급을 받아 제민신협 적금에 차곡차곡 넣게 될 것이다. 만약 창업을 준비한다면 제민신협에서 창업자금을 대출할 수 있고, 가게를 차린 뒤에는 제민신협 부가가치통신망(VAN) 가맹점 사업자로서 부가 서비스를 누릴 수 있다. 결혼해서 집을 살 때는 제민신협의 저금리 장기 대출을 이용할 것이다. 어쩌면 그 집 자체가 제민신협의 시설자금 대출로 지어졌을지도 모른다. 또 부모가 사망했을 때는 신협에서 상조금을 받아 장례를 치르게 된다. 이는 1987년 제정한 조합원 상조규약을 통한 조치로서, 조합원 본인 및 배우자, 부모 및 배우자 부모, 미혼성인 자녀 사망 시 제민신협이 조합원을 대표해 상조금을 전달하게 되어 있다.

제민신협이라는 울타리 안에서는 조합원 가족과 지역 주민의 여가생활도 보장된다. 제민신협은 1992년 제주시 최초로 주부대학을 열어 지난 10년간 졸업생 3,600명을 배출한 바 있다. 지금은 제민신협문화센터로 변신해 부동산경매 컨설팅, 난타 교실, 기타교실 같은 프로그램을 운영한다. 한편 제민신협은 골프동우회, 산악회 같은 조합원 동호회도 육성, 지원한다. 이중 제민신협 산악회는 돌오름 지킴이로서 등반로 정비 같은 자연보호활동에도 앞장서는 것으로 유명하다.

고문화 이사장은 제민신협이 꿈꾸는 미래를 벅찬 어조로 이야기했다. "조합원의 자녀가 태어나 제민신협이 운영하는 유치원에 다니고, 또 조합원의 부모가 사망하면 제민신협이 운영하는 장례식장에서 저렴한 비용에 장례를 치르는 미래를 꿈꿉니다. 제민신협 조합원은 요람에서 무덤까지 제민신협이라는 울타리 안에서 모든 일을 처리하고 지역공동체의 일원으로 조화로운 삶을 누릴 수 있게 되는 겁니다."

치열한 토론으로 더욱 단단해지는 팀워크

제민신협 총회 자료'맨 마지막 페이지에는 언제나 다음과 같은 글귀가 굳은 다짐처럼 새겨져 있다.

조합원님께서 저희에게 월급을 주십니다. 감사합니다, 조합원님.
제민신협 직원들은 조합원께서 내 젊은 날에 나를 있게 해준 소중한 일터를 주셨고 내 사랑하는 가족들에게도 희망과 긍지를 주셨다고 생각합니다. 어찌 최선을 다하지 않을 수 있겠습니까?
저희는 조합원께서 됐다고 하실 때까지 노력하겠으며, 또한 조합원께서 감동하실 때까지 노력, 노력, 노력하겠습니다. 감사합니다.

—제민신협 직원 일동

여기에는 제민신협의 존재 이유가 조합원들에게 있으며, 직원들은 조합의 주인인 조합원으로부터 조합 운영을 위임받은 관리자로서 성실하고 겸손하게 자기 의무를 다하겠다는 다짐이 담겨 있다.

이러한 다짐은 곧 실천으로 이어진다. 제민신협 직원들은 일상적인 금융 업무에 최선을 다할 뿐 아니라, 협동조합 발전에 필요한 제도가 무엇인지를 스스로 고민한다.

매년 열리는 치열한 워크숍 현장이 그 증거이다. 제민신협은 매년 워크숍을 통해 임직원들과 비전을 공유할 뿐 아니라 시장 환경 변화에 걸맞은 시의적절한 전략을 함께 모색한다. 진성용 상무는 "제민신협의 워크숍에는 정해진 시나리오가 없죠. 그저 치열하게 토론하고 끝까지 싸운 끝에 합의를 이끌어낼 뿐입니다"라고 말했다.

7년여에 걸친 논쟁 끝에 도입한 연봉제는 제민신협의 자랑거리 중 하나다. 연봉제는 1998년 워크숍에서 최초로 제안된 뒤 무려 7년간 이어진 논의의 끝에 2005년 본격 도입됐다. 제민신협은 원래 시간제, 기능직, 일반직, 계약직 등 다양한 직군별로 급여제

전 직원이 참여한 임직원 워크숍 모습. 임직원들은 제민신협의 존재 이유가 바로 조합원들에게 있다는 사실을 잘 알고 있다. 그런 까닭에 조합 발전에 필요한 제도가 무엇인지를 스스로 고민한다.

도가 각기 달랐다. 조직 역동성을 높이기 위해서는 성과 기반 연봉제를 도입할 필요성이 제기됐다. 하지만 기능직과 일반직 직원들은 호봉제의 안정성을 선호해 연봉제에 반대했고, 시간제 및 계약직 직원들은 일반직과 같은 업무를 하면서도 다른 급여를 받아 늘 불만이었다.

제민신협은 연봉제 시행을 일방적으로 밀어붙이지 않았다. 먼저 실무책임자에게 연봉제를 철저하게 연구하게 하는 한편, 각

직군 대표를 한 명씩 선발해 별도로 태스크포스를 만들었다. 그러고 난 뒤 우선 시간제와 계약직 직원들을 기능직과 일반직으로 통합하는 작업을 수행했다. 본격 시행은 단계적으로 이루어졌다. 2002년 대리 이상 간부 직원들이 먼저 연봉제를 도입했고, 그 뒤 2005년에는 전 직원을 대상으로 시행했다. 마지막 순간까지 장시간 토의와 격론이 이어졌지만 결국에는 100퍼센트 합의로 도출된 결과였다. 연봉제 도입으로 성과에 따른 급여 체계가 정립되면서 조직 역동성과 직원 만족도가 커진 사실은 말할 것도 없다.

매년 사업계획을 수립할 때도 마찬가지로 토론을 통한 합의가 우선이다. 지점장은 목표 대비 성과를 평가받기 때문에 전년도 목표 분담에 민감할 수밖에 없다. 그런 까닭에 사업계획을 작성하는 시기에는 곳곳에서 격론이 벌어지기 일쑤다. 직원들 사이에서도 다양한 의견이 쏟아져 나온다. 그러나 일단 합의된 목표가 설정되면 모두가 두말없이 최선을 다해 따른다. 도전적인 목표를 세우고 함께 노력한 덕분에 제민신협은 신협중앙회 주관 공제사업평가에서 2010년 전국 종합 3위, 2011년 전국 종합 1위에 이어, 2012년과 2015년에 전국 대상을 수상하는 기염을 토했다.

2010년 제민신협이 세운 2020 비전 경영 목표는 자산 1조 원, 순이익 100억 원이다. 그야말로 한국을 대표하는 경쟁력 1위 신협이 되는 것이 목표인 셈이다. 이게 어렵다는 사실은 누구나 알고 있다. 그러나 제민신협 임직원들은 목표에 주눅 들거나 부정적으로만 바라보지 않는다. 쉽게 달성할 수 있는 목표보다는 최선을 다할 때 달성할 수 있는 목표를 설정한다는 게 제민신협의 기본 원칙이기 때문이다.

타이태닉 위기관리 리더십

제민신협은 스스로를 타이태닉호에 비유한다. 초호화 유람선인 타이태닉호는 대서양을 최단 시간에 횡단하겠다는 목표를 무리하게 수행하다가 대서양 횡단 항로상에 빙하가 출몰하고 있었다는 사실을 알고도 제때 키를 돌리지 못했다. 만약 미리 항로를 변경하거나, 속도를 줄이거나, 혹은 빙하 관측 인원을 늘렸다면 그 같은 역사적 재난 사고를 막을 수 있었을지 모른다. 언뜻 보면 제민신협은 제주에서 제일 큰 조합으로 경영 상태가 안정적인 축에 속한다. 그러나 급변하는 금융시장에서는 언제 어떤 위협이 발생할지 모른다. 이런 위험 요인에 앞서서 대응하지 못하면 아무리 덩치 큰 제민신협이라 해도 언제든 타이태닉호처럼 침몰할 수밖에 없는 것이다.

제민신협은 실제로 금융시장 환경 변화에 발빠르게 대응하는 위기관리 매뉴얼을 가동하고 있다. 심지어 금융 당국이 규제를 도입하기 전에 미리 손을 쓴 경우도 많았다. 일찍이 1996년 분리회계를 도입하면서 지점의 책임경영을 정착시켰고, 외환위기 이후 금융 당국이 신협의 대손충당금 최소적립률을 정상여신의 경우 0.5퍼센트에서 1퍼센트로 올리기 전에 이미 0.8퍼센트로 높여 결산을 진행했다.

최근 금융 당국은 가계대출 안정화를 위해 분양대출 규제를 강화했다. 제민신협은 이번에도 이에 앞서 건설사 시설자금대출 규모를 총대출의 10퍼센트로 줄이고, 주택담보대출의 분할상환대출금 비율도 30퍼센트 넘게 유지했다. 발빠른 위기관리 결과, 제민신협은 2010년 이후 1퍼센트 미만의 연체율을 기록했으며, 현재까지 평균 0.5퍼센트 이하를 유지하고 있다.

나눔을 넘어 상생으로 도약

한편 제민신협은 제주시의 애월신협과 자매결연을 하고 경영 컨설팅을 진행하고 있다. 제민신협은 애월신협과 자매결연을 하기 전 2주가량 애월신협을 방문해 직원들을 인터뷰하고 현장을 탐방하면서 재무 현황뿐 아니라 영업 방식 같은 경영 실태 전반을 심층 분석했다. 그런 뒤 조사 결과를 바탕으로 애월신협 임직원들이 모인 자리에서 애월의 문제점과 대안을 분석해 발표했다. 두 신협은 현재 애월신협의 자산 200억 원을 5년 후 500억 원으로 늘리는 것을 목표로 하는 5개년 발전 계획을 공동으로 수립하기에 이르렀다.

컨설팅은 일종의 경영 개입이다. 멘티 조합 입장에서는 멘토 조합이 우리 조합을 제대로 키워줄지, 아니면 오히려 망가뜨려 흡수합병하려는 의도는 아닌지, 의심의 눈초리를 거두기 어렵다. 이 같은 불신이 더 큰 오해로 이어지면 자매결연은커녕 양 조합 사이의 갈등을 초래할 우려가 크다. 실제로 이런 불신 때문에 많은 조합이 자매결연 협약을 맺고도 실질적인 경영에 관여하지 못한다.

제민신협은 이 같은 불신과 오해를 애초에 차단하기 위해 자매결연 협약을 이사회 공식 안건으로 상정했다. 이사회는 신협의 최고 의사결정 기구이다. 이사회를 통과한 사안은 임직원이 책임지고 실행해야 한다. 자매결연을 이사회 안건으로 통과시켰다는 것은 그만큼 두 신협의 의지가 확고하다는 의미다. 이에 따라 애월신협도 자연스레 멘토인 제민신협의 진정성을 믿고 컨설팅에 적극적으로 응할 수 있게 됐다.

이후 이어진 협약 결과, 제민신협과 애월신협 직원들은 여느 조합들과는 차별화된 결속력을 자랑하게 되었다. 제민신협은 애월신협과 합의해 교차 근무를 시행함으로써 고객 상담 기법과 영업 노하우를 전폭적으로 전수하고 있다. 매번 고기를 잡아주기보다는 스스로 고기 잡는 방법을 가르쳐줌으로써 자립도를 높이겠다는 의도에서다. 또 제민신협이 실시하는 사랑의 김장 만들기와 따뜻한 연탄 나눔 행사에 애월신협 직원들이 자원해서 함께 참여하기도 한다.

이처럼 진정한 상생을 위해 작은 것에서부터 발을 맞추고 있는 두 조합은 매년 발전 계획의 진행 과정을 점검해 문제점을 진단

제민신협의 오늘

제민신협은 오늘날 제주는 물론 전국적인 관심을 받으며 우리나라 신협운동을 선도하는 상위 1% 조합으로 자리매김했다. 제민신협의 2017년도 말 총자산은 5,240억 원, 당기순이익 49억 6천만 원, 총자산순이익율은 1%로, 본점 외에 도남지점, 신제주지점, 노형지점 등 3개 지점을 개설해 활발히 활동하고 있다. 제민신협은 단순히 금융공급에 역할을 한정하지 않고 특정한 성격, 사회적 가치, 서비스에 대한 필요를 가진 조직을 위해 봉사하며 지역 발전에 중점을 두고 나눔을 실천하고 있다.

하고 보완하면서 최종 목표를 향해 나아갈 계획이다.

고문화 이사장은 "성공적인 자매결연 사례를 만듦으로써 지역 사회뿐 아니라 같은 지역 내 신협들과 상생하는 문화를 만들어가고 싶습니다"라고 말했다. 나눔의 미덕을 중시하는 신협의 설립 취지를 이제는 지역 상생의 미덕으로 확장해나가는 제민신협의 단단한 행보는 오늘도 계속되고 있다.

성과주의가 낳은
탄탄한 재무구조

광안신협은 전국 신협의 자부심이다. 광안신협에 들어서면 지역사회 내에서
신협다운 역할을 하고 있다는 강한 자부심을 단박에 느낄 수 있다.
이 자부심의 근거는 비단 광안신협의 비전 "지역 주민이 광안신협 조합원임을
자랑스럽게 생각하게 한다"를 거론하지 않더라도 쉽게 유추해볼 수 있다.
그들의 자부심은 바로 건실한 실적에서 나오기 때문이다.

광안신협 광안지점 회관 4층에 올라가면 "똑딱똑딱" 소리가 쉴
새 없이 들린다. 이곳에서 할아버지와 할머니들이 땀을 흘리며
열심히 탁구를 치고 있다. 할아버지 한 분은 은퇴 후 모아놓은 전
재산을 광안신협에 맡기고 그 이자로 생활하고 있다고 말했다.
광안신협 1층에서 은행 업무를 보고, 같은 건물 4층으로 올라와
취미 삼아 탁구를 치는 것이다. 탁구 시설은 광안신협 조합원이

라면 누구나 무료로 이용할 수 있다. 누구나 부담 없이 드나들 수 있는 공간에서 자연스럽게 서민금융 네트워크가 구축된다.

광안신협은 지난 2017년 전국 신협 가운데 2위인 73억 6,700만 원의 당기순이익을 기록했다. 총자산 규모도 둘째가라면 서러울 정도다. 2017년 총자산 6,263억 원을 기록한 광안신협은 7,000억 원 돌파를 눈앞에 두고 있다.

광안신협은 올해로 창립 54주년을 맞은 긴 역사를 가지고 있다. 우리나라 최초로 설립된 성가신협에 이어 두 번째로 설립된 신협이다. 광안신협의 시작은 미약했다. 1965년 조합원 47명, 출자금 4,779원으로 창립했다. 그랬던 광안신협은 어느새 총자산 7,000억 원 돌파를 눈앞에 둔 대형 조합으로 성장했다. 2013년에 신설된 해운대 수비센텀지점을 포함해 총 4개 지점에서 35명의 직원들이 조합을 이끌고 있다.

광안신협의 지점 4곳은 모두 우수한 점포 입지를 자랑한다. 광안지점이 광안시장 입구에 있고, 민락지점은 광안리 관광지 내 민락횟촌타운에, 수영지점은 수영팔도시장 및 수영로타리에, 수비센텀지점은 해운대 우동의 교통 요충지인 수비오거리에 있다. 각 지점이 지역 내 주요거점에 위치해 지역 주민에게 자연스럽게 다가갈 수 있다. 특히 광안지점 자체회관 2층은 모든 지역 주민이 이용하는 문화공간으로 거듭났다. 주부 노래 교실, 요가 교실, 스포츠댄스, 한국무용 등 다양한 프로그램을 주간 이용객 300여 명이 무료로 이용하고 있다.

광안신협이 포기할 수 없는 이유

광안신협이 언제나 탄탄대로를 달려온 것은 아니다. 2007년 금융사고로 인근 수영신협이 파산 위기에 놓이자 광안신협에도 어려움이 찾아왔다. 두 신협이 많은 조합원을 공유하는 데다 신협에 대한 부정적 이미지가 지역사회에 퍼졌기 때문이다.

그러자 광안신협은 수영신협을 인수·합병하기로 결정했다. 수영신협의 금융사고를 조속히 수습해 조합원의 피해를 최소화하고, 지역 내 서민금융기관으로서 신협의 역할을 개선하기 위해서였다. 광안신협은 2007년 합병 당시 자산 120억 원이던 수영지점을 2017년 말 기준 1,595억 원의 자산을 보유한 지점으로 탈바꿈시켰다. 약 10년 만에 수영지점을 1,329퍼센트나 성장시킨 셈

광안신협은 모든 임직원이 모여 함께 결정한 목표를 공유한다. 한 사람의 의견에 좌우되는 수직적 조직문화보다는 서로의 의견을 존중하는 수평적인 조직문화를 지향한다.

이다.

2013년에 해운대 수비센텀지점을 신설하는 데에도 우여곡절이 있었다. 해운대구는 공동유대(신용협동조합 설립과 구성원의 자격을 결정하는 기본 단위)인 부산시 수영구를 접하고 있다. 그런데 2000년 초반부터 해운대구에 신시가지가 조성되면서 기존에 거래를 해오던 많은 조합원이 해운대구로 주거지를 이전했다. 이에 따라 광안신협은 새로이 이사한 조합원의 거래 접근성 불편을 해소하고자 해운대구에 지점을 신설하기로 했다. 2009년 신협중앙회를 거쳐 금융감독원에 공동유대 확대를 요청했으나 당시 저축은행사태 등 대외환경 변화의 영향으로 반려되었다. 이어 2010년 재신청 역시 정부의 가계대출억제정책 등의 사유로 반려되었다.

포기할 수도 있었지만 포기하지 않았다. 단지 조합만을 위한 일이 아니었기 때문이다. 조합원의 금융 불편 해소를 위해 광안신협은 다시 도전했고, 그 결과 2012년 8월, 삼수 끝에 금융감독원의 승인을 받아 조합 공동유대를 확대하게 되었다. 기존 부산시 수영구에서 해운대구 일부가 추가된 셈이다. 마침내 2013년 3월 해운대구 우2동에 수비센텀지점의 문을 열었다. 수비센텀지점은 신설 4년 만에 2017년 말 기준 조합원 4,500여 명, 수신 975억 원, 여신 1,039억 원의 대형 지점으로 성장했다.

스스로 세운 목표를 조직과 공유한다

광안신협이 전국에서 손에 꼽히는 경영 우수 조합이 될 수 있던 비결은 성과 관리 제도 도입이다. 2009년 도입한 성과 관리 제도는 잘 정착됐다. 성과 관리 제도는 조합의 전략 방향과 목표를 명확히 하여 직원의 행동을 한 방향으로 유도하는 제도이다.

그러기 위해서는 목표 관리가 필수다. 지속적 관찰, 중간 점검 및 피드백도 필요하다. 이 제도가 잘 정착되면 일하는 분위기는 자연스레 따라온다. 공정하고 합리적인 평가와 보상이 뒷받침되기 때문이다.

광안신협은 경영 목표를 설정할 때도 추상적인 목표가 아니라 구체적인 목표에 주안점을 둔다. 예를 들어 광안신협의 2018년 재무적 목표는 자산 6,900억 원, 예대율(예금 대비 대출 비율) 90퍼센트, 당기순이익 61억 원, ROA(총자산순이익률) 0.84퍼센트 달성이다. 이를 달성하기 위한 세부 실천 방안도 정한다. 이러한 재무적 목표는 매년 3년 후까지 설정한다.

목표 관리에서 가장 중요한 것이 일관성 확보다. 이를 위해 매년 주요 골격은 유지하되, 당해 연도 신협중앙회 종합경영평가 계획과 연계하여 담당 업무별, 직급별, 지점별로 목표를 구분하여 차등 설정한다. 광안신협의 4개 지점은 영업환경이 제각기 다르므로 목표에도 차이가 있다. 이때는 각 지점의 과거 3년간 성장률을 반영해 목표를 결정한다.

목표를 설정할 때는 물론 충분한 논의 과정을 거친다. 임직원의 자율성과 당위성을 확보하기 위해서다. 직원들 각자가 세운 목표는 워크숍에서 직원 간 협의를 거쳐 최종 결정된다. 전 직원이 함께 목표를 공유하는데, 이때 직원들은 스스로 세운 목표를 공식화하고 각각 명확한 역할을 맡는다. 그렇게 나온 성과에 대해서는 인사고과를 비롯하여 과감한 인센티브를 부여한다. 이는 자연스레 직원들의 동기 부여와 사기 진작으로 이어진다.

비전이 현실이 되는 시스템

광안신협은 '비전'을 '현실'로 만들기 위해 체계적인 시스템을 구축해왔다. 특히 성과 관리를 인사제도와 연결해 조직을 활성화했다. 이를 위해 직제도 개선했다. 그래서 광안신협에는 직급이 없고 직위만 있을 뿐이다. 또 연공서열대로 급여가 올라가는 구조인 호봉제를 파괴했다. 즉 직위가 대리에서 과장으로 오르더라도 연봉은 그대로일 수 있다. 이와 반대로 일 잘하는 대리가 그렇지 못한 과장보다 더 많은 연봉을 받을 수 있다.

광안신협의 인사고과와 인센티브 체계도 눈에 띄게 합리적이다. 우선 평가 항목의 중요성에 따라 항목별 가중치를 부여하는 성과 관리 지표를 만든다. 이 같은 정량적 지표 외에 지점장의 인사고과로 정성적 평가를 보완한다. 예를 들어 정량적 지표가 뛰어나더라도 다른 직원에 대한 배려가 부족하다면 높은 인사고과를 받기 힘들다. 또 지점장뿐 아니라 함께 근무하는 직원들도 서

광안신협은 1사1교 협약을 통한 금융교육에도 열심이다. 부자들을 위한 금융이 아닌 서민을 위한, 서민에게 도움이 되는 금융을 꿈꾼다.

로를 평가한다.

광안신협은 기본적으로 성과연봉제다. 지점의 성과와 개인의 성과를 종합해서 평점이 나온다. 평가등급은 S등급, A등급, B등급, C등급, D등급 다섯 단계로 구분되며, 등급에 따라 성과급을 지급하고 급여 인상률, 보직 등도 결정한다. 기본 연봉이 있고, 그에 더해 실적에 따른 인센티브를 25퍼센트 정도 받는다.

광안신협의 성과연봉제는 직원들이 다 함께 '인센티브 파이'를 키우고, 평가등급에 따라 그 파이를 나눠 가져가는 방식이다. 따라서 옆 직원이 일을 잘하면 성과급 파이가 커지니 다른 직원들에게 불만이 나올 수 없다. 동시에 일 잘하는 직원도 다른 직원보다 자기 몫을 많이 가져가니 불만이 없다. 이것이 바로 경쟁이 아닌 상생이 가능한 이유다.

그럼에도 성과 관리 제도 자체가 경영 목표가 되어서는 안 된다는 점은 명확하다. 광안신협 임직원에게 성과 관리는 경영 목표 달성을 위한 수단일 뿐이다. 지점 간, 개인 간 실적 경쟁이 자칫 조합 내부의 갈등을 양산한다면 더 큰 문제가 발생할 수 있음을 조직원 모두 잘 인지하고 있다.

이에 따라 광안신협은 워크숍에서 수평적인 토론 문화를 활성화하고 그 속에서 상호존중과 배려를 실현하도록 힘써왔다. 직원들의 의지를 한곳으로 모으는 워크숍과 교육도 큰 힘이었다. 광안신협 조직원들은 직원 간 화합과 존중이 가장 중요하고, 한 사람의 의견에 좌우되는 수직적 조직문화보다는 관계 지향적이고 수평적인 조직문화가 중요하다고 입을 모은다.

'수신금리는 높게, 여신금리는 낮게!' 인터넷 전문은행의 광고 카피 같지만 실은 광안신협의 영업 전략이다. 협동조합은 조합원이 주인이다. 그러므로 조합의 이익을 조합원에게 재분배하는 것이 협동조합다움이다. 예금을 하는 조합원에게 높은 이자를 주고 대출을 하는 조합원에게는 낮은 이자를 받는 것이 광안신협의 기본 영업 방침이다.

협동조합다움은 지역사회와의 밀접한 관계에서 나온다. 광안시장 입구에 위치한 광안지점의 부가가치통신망(VAN) 사업자 대출은 광안시장의 영세 상인에게 초점을 맞춘다. 밴 사업자 대출은 밴 가맹점 사업자의 신용 등급 및 매출 실적에 따라 일정 규모의 대출을 지원하는 관계형 신용대출을 일컫는다. 1인당 최고 7천만 원 이내(월평균 매출액의 두 배 이내)에서 대출이 가능하다. 시장 상인들의 월평균 카드 매출액이 50만 원이면 1백만 원까지 대출이 가능한 셈이다.

광안리 활어 직판장에서 활어를 취급하는 상인들은 단위 규모가 높기 때문에 월평균 매출액이 1천만 원이면 2천만 원까지 대출을 이용한다고 볼 수 있다. 그러나 신규 가맹점은 매출을 증명할 수 없어서 한도 산정이 어렵다. 그런데도 조합에서는 최대 1천

2017년 우수 조합원과 함께 떠난 테마여행. 광안신협은 '협동조합다움'의 의미를 고민하면서 지역사회와 밀접한 관계를 유지하고 있다.

만 원 한도 내 대출을 해주고 있다. 상임이사의 결재를 받으면 2천만 원까지 대출 취급이 가능하다.

　광안신협의 참조합원제도 역시 기본 중에 기본이다. 참조합원제도의 목적은 신협을 장기적으로 꾸준히 이용하는 조합원과 유대관계를 강화하는 것이다. 매년 분기 단위로 3개월간 사업 이용실적을 기준으로 참조합원을 선정하고, 이를 으뜸이, 믿음이, 도움이로 차등 구분해 금융 편의 및 우대 서비스를 제공한다. 무보증·무담보 신용대출, 애경사 시 긴급대출, 여수신 우대금리적용,

각종 수수료 면제, 무료독감예방접종, 테마여행, 생일날 손편지와 미역 선물 등 종류도 다양하고 세심하다. 참조합원제도는 조합원과의 관계금융을 표방하는 광안신협의 핵심 프로그램이라 할 수 있다.

그 밖에 지역 주민과의 친밀감을 높이는 지역 밀착 활동에도 열심이다. 산악회, 탁구회, 낚시회, 골프회 등 동호회 활동에 직원들이 함께 참가해 광안신협의 운영 상황을 소개하거나 상품을 권유한다. 지점별로 재래시장 홍보에도 적극적이어서, 새해 달력이나 여름 부채를 배부하며 조합원과 한 번 더 인사를 나누고 친밀도를 높이고 있다. 이처럼 조합원의 일상생활과 밀접하게 움직이는 광안신협의 찾아가는 서비스는 조합원의 만족감을 이끌어내는 일등공신이다.

광안신협은 기본에 충실한 영업을 하면 조합원과의 끈끈한 관계가 덤으로 생긴다는 사실을 잘 알고 있다. 광안신협 설립 50주년을 기념해서 보낸 조합원의 감사편지를 보면 그런 광안신협에 대한 고마움이 잘 드러나 있다.

"저는 정○○ 조합원입니다. 중학교, 고등학교 재학 때 광안신협 장학생에 선발되어 저와 각별한 인연이 있으니 제게 광안신협은 단순한 금융기관 이상의 의미가 있습니다. 마치 든든한 형님 같다고 할까요? 지금도 매일 광안신협을 이용하는데, 그때마다 마치 우리 집에 들어가는 것처럼 편안함을 느낍니다.

학창 시절 저는 광안신협 장학생에 매년 선발되어 부산 수영중학교 3년, 부산 중앙고등학교 3년 총 6년간 광안신협의 은혜를 입었습니다. 당시 학생으로서는 큰돈을 받고 필요한 학용품, 참고서, 책상을 사서 정말 잘 사용했습니다. 처음에는 광안신협 장학생이 무엇인지도 모르고 부모님 손에 이끌려 갔지만, 중학교와 고등학교 재학 시절 내내 늘 감사하고 고마웠습니다. 지금 저는 광안동에서 약국을 경영하면서 손님들에게 제가 광안신협 장학생이라고 자랑스럽게 이야기합니다. 매우 고맙고 감사합니다.

우리 광안신협이 든든한 서민의 이웃이라는 사실을 실감하게 된 계기가 또 한 번 있었습니다. 약국을 창업할 때 문턱이 높은 시중은행에서는 창업자금을 빌리지 못했습니다. 그러다 광안신협 대출을 이용해 창업을 하게 되었고, 사업 시 필요한 자금이 있을 때도 광안신협이 도움을 주었습니다. 광안신협은 늘 따뜻한 손길로 저의 어려움을 해결해주었습니다. 부자들을 위한 금융보단 서민금융이 절실한 현재의 금융환경에서 서민들에게 도움과 희망을 주는 광안신협이라는 생각을 다시금 하게 되었고, 지금도 그 생각엔 변함이 없습니다."

광안신협은 언제나 사람이 중심이라는 가치관을 잊지 않는다. 특히 지역민과 하나 되는 각종 사업을 통해 협동의 이념을 소중한 가치로 여기며 더불어 사는 사회로 나아가는 중이다.

언제나 사람이 중심이다

부산시 금정구에 있는 자매결연 조합인 A신협은 2013년 말 금융사고로 인해 2014년 실무책임자 및 여신 담당 직원 전원이 면직되는 어려운 상황에 처했다. 그러자 광안신협은 직원을 파견하여 사고 수습을 지원했고, 간부 직원 및 여신 담당 직원 부재를 보완하고자 2014년 말 광안신협 직원을 실무책임자로 보냈다. 이후 2015년 4월에는 선도-관계 조합 협약을 맺었다.

현재 진행 중인 상호 교류 가운데 대표적인 것인 공동 대출 지원, 회사채 환매를 통한 조합 유동성 지원, 정기적인 업무 공유를 통한 워크숍 및 조합 간 합동 교육, 햇살론 공동 홍보, 직원 상호 교류이다.

이런 노력에노 불구하고 A신협의 자체 정상화는 쉽지 않다. 비조합원 대출한도 제한, 출자금제도 변경, 중도금대출 제한 등 여러 여신 제한과 금융사고로 인한 결손 발생에 따른 동일인 대출한도 축소 때문이다. 그러나 광안신협은 선도 조합으로서 포기하지 않고 A신협의 자체 정상화를 위해 열심히 지원할 예정이다.

아직까지 수치로 구체화할 수 있는 결과는 이끌어내지 못했지만 광안신협이 이 같은 선도 조합 활동으로 얻은 것이 있다. 바로 '사람 중심'이라는 신협의 설립 철학을 재확인하며 느끼는 보람이다. 광안신협은 성과 관리 제도와 인센티브 제도를 공격적으로 이끌어가면서도 동시에 기본인 '사람 중심' 가치관을 놓치지 않

광안신협의 오늘

1965년 출자금 4,779원이라는 작은 밀알로 시작된 광안신협은 2007년 금융사고로 퇴출 위기에 놓인 수영신협을 합병해 기존 조합원의 피해를 최소화했고, 신협에 대한 부정적 이미지를 개선하며 지역의 으뜸 금융으로 자리잡았다. 2017년 말 기준 자산 6,263억 원, 당기순이익은 전국신협 가운데 2위에 해당하는 73억 6,700만 원을 기록했다. 현재 광안지점, 민락지점, 수영지점, 수비센텀지점을 운영하면서 탄탄한 경쟁력을 갖추고 건전 경영에 힘쓰고 있다.

고 있다. '한 사람의 열 걸음보다 열 사람의 한 걸음'이라는 '협동'
의 이념을 신협의 소중한 가치로 여기며 '더불어 사는 사회'로 나
아가는 광안신협. 광안신협이 그 철학을 지켜가는 한 광안신협을
배우려는 발길이 전국에서 끊임없이 몰려들 것이다.

내실 경영을 추구하는
늘 푸른 나무

상록수(常綠樹), 계절에 관계없이 항상 푸른 잎의 나무처럼, 상록신협은 출범 후
한 번도 시들지 않고 꾸준히 성장해온 조합이다. 설립 27년차를 맞이한 상록신협은
외형보다는 내실에 집중해 성장했으며, 경영에서 안정성, 수익성, 건전성이라는
세 마리 토끼를 모두 잡은 우수 조합으로 인정받고 있다.

2018년 26살을 맞은 상록신협은 '꿈을 이루는 신협'이란 새로운 슬로건을 내걸었다. 슬로건은 조합과 조합원 모두를 대변한다. 설립 초기 어려운 서민의 주춧돌 역할을 해왔던 상록신협의 의지와 20여 년 만에 우량조합으로 우뚝 선 조합의 모습이 담겨있다.

오늘날 자산 2,085억 원, 조합원 1만 4천 명과 예비 조합원 3

상록신협 본점 모습. '꿈을 이루는 신협'이라는 슬로건을 2018년에 새로이 내건 상록신협은 어려움을 딛고 우량조합으로 거듭나고 있다.

만 6천 명을 자랑하는 상록신협이지만 첫 시작은 녹록하지 않았다. 1992년 3월 9일 수암신협(이전 명칭) 창립총회가 열리며 훗날의 상록신협이 첫발을 내딛었다. 영업 시작 당시 자산은 4억 원, 직원은 3명에 불과했다. 자산 4억 원 중에서도 2억 5천만 원은 당시 이사장의 출자금이었다. 당시 과장급 실무자였던 최인석 상록신협 이사장은 순수 조합원의 자본으로 시작해본다는 생각에 이사장 개인 돈을 회수해 돌려줬다. 자본이 집중돼 조합이 사금융화될 수 있다는 우려에서다.

영업 개시 직후 직원들은 인근 조합을 찾아다니며 업무를 익히고 단칸방 같은 사무실에 앉아 하루하루를 버텼다. 하지만 직원들을 가장 힘들게 하는 것은 신협의 존재를 몰라 사채업자 취급하는 시민의 냉소적인 눈길이었다. 영업 첫해는 4백만 원의 손실을 기록했다. 그러나 직원들은 좌절하지 않고 거리로 나섰다. 신협을 알리기 위해 한 사람 한 사람 찾아다니며 파출 수납과 함께 신협 교육을 했다. 은행과 다른 신협만의 장점과 가치를 전파하고, 이를 증명하기 위해 조합원이 중심이 되는 건실하고 투명한 경영에 매진했다.

꿈을 이루게 돕는 서민 경제의 주춧돌

그렇게 상록신협은 설립 20년 만에 조합원 1만 2천 명, 자산 1,000억 원의 외형과 내실을 모두 갖춘 신협으로 성장했다. 성장의 가장 큰 원동력은 임직원 모두가 금융협동조합으로서 신협의 경영 원칙을 지키고자 쏟아부은 노력이었다. 임직원은 신협이 대주주 중심의 자본가 이익 극대화를 추구하는 상업금융이 아니라 조합원의 경제적 향상과 이를 통한 복지사회 건설을 목표로 하는 사회운동이며·자조·자립·협동을 통해 윤리·교육·경제 운동을 실천하는 비영리 협동조합 금융조직임을 항상 잊지 않았다. '조합원에 대한 지속적인 서비스'를 최우선 경영 목표로 설정한 것도 같은 이유에서다.

"경제적 자립과 향상을 원하는 사회 구성원 누구에게나 신협 운동은 활짝 열려 있고, 사회·경제적 약자를 배려하는 신협의 금융공동체 운동이야말로 심화되는 양극화의 대안이라 확신합니다." 최인석 상록신협 이사장은 지금의 생활터전으로 자리 잡기까지 지역사회가 신협을 통해 자립 기반을 다져왔고, 조합과 주민이 상생의 파트너가 된 대표적인 사례가 됐다고 설명했다.

그의 말대로 상록신협은 서민경제를 밝히는 희망의 빛이 되기 위해 말이 아닌 행동으로 모범을 보여준 조합이다. 실제로 상록신협의 주거래 조합원은 담보가 없어 은행대출이 안 돼 자금 융통에 많은 어려움을 겪고 있던 도시서민과 소상공인들이 대다수였다. 상록신협의 무담보 소액 대출은 이들의 고리사채를 끊는데 많은 도움이 됐고, 대출금 90퍼센트가 서민과 자영업자를 위한 대출로 실행되었다. 상록신협은 그렇게 해서 지역의 서민경제 안정에 상당한 기여를 하는 금융기관으로 자리 잡았다.

설립 26년여에 불과한 상록신협은 신협 전체 역사로 봤을 때 오래된 조합은 아니다. 그러나 경영 측면에서는 타 조합보다 '한 수 위'로 인정받는다. 2015년 전국 신협 종합경영평가에서 최우 수상과 금융위원장상을 수상한 데 이어, 인천경기지역본부 성과 평가대상은 최근 8년간 무려 여섯 번이나 수상할 만큼 경영을 잘 하기로 소문났다. 이 기간 중 네 번은 '트리플크라운상'을 거머쥐 기도 했다. 이 상은 조합의 안정성·수익성·건전성을 평가하여 주는 경영대상이다. 그런 만큼 경영·재정·고객 관리 삼박자가 고루 맞아야 수상할 수 있다.

상록신협의 이 같은 성장 배경에는 철저한 상권분석에 기반한 경영이 자리 잡고 있다. 상록신협이 있는 안산시는 반월공단과 시화공단 인근이어서 이들 공단의 활성화와 성장의 궤를 함께해 왔다. 공단 배후 도시이다 보니 유동인구가 많고 경기 변동에 따 른 영향도 타 지역 대비 빠른 편이다. 이에 비조합원 거래가 많았 던 상록신협은 비이자 수익 증대를 주요 과제로 삼았다. 조합의 예대마진(대출로 받은 평균 이자에서 고객에게 돌려준 평균 이자를 뺀 나머지 부분)만으로는 운영이 어려웠고, 상대적으로 수익률이 높 은 비이자 상품 판매 확대가 성장 동력이 될 거라고 예상했다.

상록신협에서 실시한 협동경제 멘토링 사업. 상록신협의 경영 철학 속에는 휴머니즘이 짙게 묻어 있다.

상록신협은 크게 두 가지 기준을 세웠다. '선 거래 후 조합원화'와 '수수료 감면 전략'이었다. 상대적으로 역사가 길지 않은 조합이었기에, 조합원과 비조합원을 구분해서는 비이자 수익 확대를 꾀할 수 없다고 판단했다. 조합이 위치한 월피동은 주택가로, 청년층이 높은 비율을 차지하고 있다는 점에 주목했다. 조합원이란 용어에 대한 거부감이 있음을 인지하고 초기에 적극적으로 조합원 가입을 권유하기보단, 본인의 요청과 거래 필요성에 따라 가입을 유도하는 방법을 택했다. 또 비이자 수익 거래를 통한 차별화된 서비스가 없으면 만족할 수 없다는 점을 깨닫고, 기존 요건을 충족하는 일부 조합원에겐 수수료 면제 등 혜택을 제공했다.

이외에도 상록신협은 스스로 지역에서 '사고 없는, 믿을 수 있는' 금융기관으로 거듭나기 위해 고군분투했다. 최인석 이사장은 "일부 신협에서 금융사고가 났다는 뉴스가 나오면 결국 전체 조합 이미지가 타격을 입지요. 조합 스스로가 그 지역 신협의 얼굴이라고 생각하고 운영에 힘써야 하는 이유입니다"라고 강조했다.

상록신협이 상대적으로 빠른 안착을 이룬 배경에는 '정도 경영' 철학을 지켜온 데도 원인이 있다. 다소 진부해 보일 수 있는 슬로건이지만, 정도 경영은 상록신협의 생명과도 같다. 원칙은 단순하다. 조합원이 맡긴 것을 조합원에게 되돌려주며, 신협 정신을 어기면서까지 이윤 창출에 매달리지 않는 것이다.

조합원과 조합이 상생하는 '555 전략'

상록신협이 재무건전성과 상품 다변화를 통해 지속 가능한 지금의 수익 구조를 구축하기까지는 직원들의 노력이 뒷받침됐다. 특히 직원들은 마케팅에서도 열정을 아끼지 않았다. 상록신협의 대표적인 마케팅으로 2000년 금융결제원 가입에 대비한 '555 전략'을 꼽을 수 있다. 조합원에게 각종 업무에 관해 '5분' 더 정보를 전달하려는 노력을 기울이면 향후 '5년' 내 '5억 원'의 비이자 수익이 실현된다는 의미다.

이 마케팅은 조합 수익 증대와 성장을 조합원과의 접점에서 찾아야 한다는 발상에서 시작됐다. 고객은 더 많은 정보를 여유 있게 제공받아 좋고, 결국 조합은 그로 인해 상품 가입을 유도할 수 있다. 서로에게 윈윈(win-win)이 되는 서비스인 셈이다. 그렇게 시작된 555 전략 마케팅으로 상록신협은 실행 3년 만에 비이자 수익 5억 원 목표를 달성했고, 이제 비이자 수익 15억 원 실현이라는 새로운 목표를 향해 달려가는 중이다.

특별한 것처럼 보이는 전략이지만, 이 또한 사실 휴머니즘이 기본인 정도 경영을 근간으로 하고 있다. 조합원이 창구에 5분 더 머무르면 수익이 실현될 가능성이 높다는 것을 모르는 직원들은 없을 것이다. 결국 '사람 대 사람'의 관계가 가장 중요하기 때문이다. 이 사실을 직원들 스스로 인식하도록 한 것이 555 전략의 핵심이다. 목표를 설정할 때도 직원 스스로 실적을 점검해 부진한 원인을 분석하고 자율적으로 제시하도록 독려했다. 그리고 그 결과는 놀라웠다. 현재 상록신협은 체크카드 발급·사용률 전국 최상위권에 이름을 올리고 있다.

상록신협은 설립 후 26년간 단 한 번도 조합원 배당을 하지 못한 해가 없다. '안정된 내실, 함께하는 협동조합'이라는 경영 철학을 바탕으로 무리한 외형 확장보다는 내실 다지기에 집중한 결과이다.

상록신협의 부실채권 비율은 해마다 줄어들어 2016년에는 0.05퍼센트대에 불과한 수치를 나타냈다. 그만큼 대출 심사는 꼼꼼해졌다. 조합원의 돈을 안전하게 관리해야 한다는 신념 아래, 현장 실사 과정을 거쳐 대출을 실행했다. 은행 문턱을 넘지 못하는 고객들이 높은 금리를 주고 대출을 받으러 찾아오는 곳이 신협이란 인식이 대부분이지만, 상록신협은 이를 역으로 이용했다. 오히려 더 낮은 이자로 대출을 해줘서 우량 고객이 제 발로 찾아오게 만들었다.

최인석 이사장은 "대출금리를 최대한 낮출 수 있는 데까지 낮추고 있어요. 은행을 갈 수 있는 고객들도 오다 보니 따로 채권 관리를 하지 않아도 저절로 낮은 부실률을 유지할 수 있었죠"라고 소개했다. 상록신협은 안정적 재무구조의 또 다른 척도인 요구불예금 비율도 25퍼센트를 넘어선다. 전국 조합 평균 11퍼센트를 크게 웃도는 수치다.

이처럼 탄탄한 재무구조를 갖고 있다 보니 경기가 어려울 때도 상록신협은 안정된 경영을 이어갈 수 있었다. 외환위기 때 타 조합은 물론, 인근 은행까지 대출금리를 올려야 했지만, 상록신협은 기존 수준을 유지할 수 있었다. 위기의 시기에도 상록신협은 부실률이 크게 떨어지지 않았고, 이 때문에 조합원이 어려울 때 혜택을 나눠 줄 수 있었다.

자유로움에서 경쟁력을 찾다

상록신협은 신협 내에서 전자금융의 '선두주자'로 꼽힌다. 온라인시스템 활용에 가장 적극적인 조합으로, 온라인뱅킹서비스와 자동화기기 업무를 발빠르게 구축했다. 사실 시작은 단순했다. 1990년대 초 설립된 신생 조합으로서 다른 조합과 같은 방식으로 영업하면 승산이 없다는 판단이 크게 작용했다. 새로움을 찾던 상록신협은 지난 1994년 신협에선 처음으로 온라인뱅킹시스템을 도입했다. 당시 전산에 강점을 보였던 동남은행과 손잡고 펌뱅킹(firm banking)을 출시했는데, 컴퓨터시스템을 통신회선으로 연결해 온라인으로 은행 업무를 볼 수 있도록 한 서비스였다.

당시에는 조합 업무에도 전산이 도입되기 전이어서, 상록신협의 이 같은 시도는 혁신에 가까웠다. 상록신협은 앞으로 나아가야 할 방향이 온라인 거래라는 점에 확신을 갖고, 직원들이 컴퓨터 학원을 다닐 수 있도록 지원하고 독려했다. 동시에 안산이 공단 인근 도시라서 거래자 연령 분포가 타 조합에 비해 젊다는 점에 집중했다. 대다수 신협의 주 고객이 50~60대에 몰려 있는 반면, 상록신협 조합원은 30~40대 층이 두터웠다.

상록신협은 신협도 젊어져야 한다고 생각했고, 전자금융활성화정책을 더욱 적극적으로 전개했다. 1997년 온라인 시범조합과 2002년 전국 자동화기기 시범조합 운영에도 참여했다. 자동화기기 설치와 관련해서도 상록신협은 적극적으로 나섰다. 유동인구가 많은 지역이나 조합원이 운영하는 영업장에 자동화기기를 설치해 조합원의 이용 편의를 도모했다. 비대면 거래 경로 확대는 결국 상록신협의 미래와도 연결된다. 20~30대층을 조합원으로 끌어들이기 위해선 그들이 필요로 하는 서비스를 제공해야 했다. 상록신협이 체크카드와 자동이체 등의 업무를 선택이 아닌 필수로 수행하는 이유이기도 하다.

상록신협은 대외적인 이미지에서도 '26년 된 젊은 신협'을 부각하기 위해 노력 중이다. 미래 고객 확보를 위해 지역 내 고등학교에 장학금 및 급식비를 지원하고, 30~40대 조합원 참여를 유도하기 위한 '3040 신협사랑 동호회'도 운영하고 있다.

이제 전국적인 우수 조합 반열에 이름을 올린 상록신협은 그럼에도 늘 새로운 도약을 고민한다. 온라인 거래에서 신협 내 선두주자로 인정받는 상록신협이지만, 트렌드가 빠르게 변하고 있는 만큼 새로운 기술로 인해 타 금융기관과 다시 격차가 벌어질 수 있다는 우려에서다.

상록신협은 언제나 조합원이 주인인 신협의 경영윤리 철학에 따라 운영했고, 임직원들과 함께 지역을 윤택하게 만들려고 노력했다. 앞으로 젊은 신협으로 거듭나 향후 20년을 대비하겠다고 다짐하는 상록신협의 미래가 더 궁금해지는 오늘이다.

상록신협의 오늘

상록신협은 1992년 인가 후 지속적으로 성장하며, 신협중앙회 인천경기지역본부 선정 종합대상을 6회 수상하고, 트리플크라운상인 경영대상을 4회 수상하는 명실상부 최고 신협으로 자리매김했다. 또한 태국과 말레이시아 등 아시아에 한국 신협의 우수성을 전파하는 등 세계 속의 신협과도 협력하고 있다.

금융을 통해 복지를 구현하다

청소부들의 '푸른 꿈'에서 출발해 전국 1위 신협으로 성장한 청운신협.
각종 위기 속에서도 정도를 지키는 나눔 경영을 실천해온 청운신협은
조합원 모두가 행복한 사회 건설을 위해 복지사업을 확대하고 있다.
조합원으로부터 얻은 이익을 복지 시스템으로 환원해 조합원의 일생을
요람에서 무덤까지 책임지는 전국 신협의 롤모델이 되고자 한다.

"따분한 일상과 스트레스, 이젠 저한테 맡겨주세요!"

매주 화요일 오후 2시, 청운아트센터 지하 공연장은 신나는 웃음소리와 노랫소리로 들썩인다. 김보연 노래 강사의 익살스러운 멘트에 100여 명의 수강생들이 빵 터지는 웃음으로 스트레스를 날려버린다. 노래 교실은 청운신협이 주부 조합원을 위해 마련한 대표 힐링 프로그램이다. 대구 경북 지역 최고 마당발인 김

보연 강사가 주부들의 고민을 함께 나누는 카운슬러 역할을 맡는다. 회원들은 노래 교실을 통해 친목을 다지면서 내 안의 슬픔과 우울 같은 부정적인 감정을 씻어낸다. 노래 교실은 생활고에 지친 조합원들이 힐링의 시간을 갖고 인생의 풍요로움을 재발견하길 바라는 뜻에서 만든 프로그램이다.

청운아트센터 전경. 청운아트센터는 지역 커뮤니티 공간일 뿐만 아니라 조합원들의 문화생활을 위한 구심점으로 자리매김했다.

조합원을 위한 사회환원은 수익성을 따지는 장사가 아니라 그 자체로 간접배당에 해당한다.
사진은 청운아트센터 요가 교실.

문화 콘텐츠로 복지를 환원하다

　매주 노래 교실이 열리는 청운아트센터는 청운신협 조합원이
편하게 드나들면서 다양한 프로그램을 즐길 수 있는 커뮤니티 공
간으로 거듭나고 있다. 노래, 운동, 교육에 이르기까지 웬만한 여
가는 이곳에서 모두 해결할 수 있어 조합원 복지의 '끝판왕'으로
불린다.

　청운신협 본점 바로 옆에 2017년 2월 개관한 청운아트센터는

청운아트센터 탁구 교실.

지하 1층, 지상 6층 건물 전체가 전적으로 조합원의 문화복지를 위해 운영된다. 150석 규모의 지하 1층 공연장에서는 노래 교실 과 클래식 공연이, 3층 문화센터에서는 각종 악기 교실과 재테크 아카데미, 캘리그래피 교실 등이 수시로 열린다. 4층에는 요가 센터와 지압안마를 위한 힐링룸, 5층에는 탁구장이 있어 조합원 의 건강관리를 돕는다. 6층 작은 도서관은 젊은 엄마들이 아이들 과 함께 자유롭게 책을 읽을 수 있는 사랑방이다. 5천여 권의 장 서는 물론 신간 잡지까지 비치돼 누구든지 편하게 들러서 좋아하는 책을 펼쳐볼 수 있다. 2017년 여름에는 개관 기념으로 '제1회 청운삭은도서관 어린이 독후감 대회'를 개최해 방학을 맞은 조합원 자녀들의 독서열을 뜨겁게 달궜다. 아트센터 2층에 위치한 모던한 인테리어의 카페에는 지역 젊은이들이 커피를 마시러 드나든다.

청운아트센터는 최신식 시설을 자랑할 뿐 아니라 청운신협 조합원의 여가 생활을 지원하는 커뮤니티 공간 역할도 톡톡히 해내고 있다. 당장 먹고사는 데는 큰 어려움이 없을지라도 늘 팍팍하기만 한 조합원의 삶의 질을 높이기 위해 다양한 프로그램을 운영하고 있다. 도심 조합원의 경제생활뿐 아니라 문화생활의 구심점이 되겠다는 게 청운신협의 목표다.

청운아트센터 문화강좌는 청운신협 조합원이면 누구나 저렴한 가격의 수강료를 내고 이용할 수 있다. 특히 임산부는 전 강좌가 무료다. 여기에는 불안과 두려움, 기대와 행복 등 상반된 감정이 교차하는 예비 엄마들의 태교를 돕겠다는 세심한 배려가 담겨 있다. 사회적으로 저출산 고령화 문제가 심각한 가운데 청운아트센터는 노년층에게는 쉼터, 아이들에게는 배움터, 더 나아가 전체 지역 주민에게는 자유로운 문화생활 공간을 제공하고자 한다. 김상수 이사장은 "아트센터 이용료는 유료지만 조합원에게 각종 할인 혜택을 제공하기 때문에 운영비를 제외하면 사실상 수익은 제

앙상블 '靑'의 공연 모습. 앙상블 靑은 청운신협의 철학을 고스란히 담고 있는 문화 콘텐츠다.

로입니다. 하지만 조합원을 위한 사회 환원은 그 자체로 간접배
당에 해당하죠"라고 설명했다.

청운신협의 문화 사업은 지역의 젊은 예술인들을 지원하는 방
향으로까지 확산되고 있다. 음악 그룹 앙상블 '靑(청)'의 창단이
대표적인 예이다. 앙상블이란 연주자 두 사람 이상의 합주 또는
합창을 의미하며, 단원들 간 화합이 필수적이다. 경기 침체로 지
역 내 젊은 예술인들이 경제적 어려움을 겪는 것을 눈여겨본 김
상수 이사장은 앙상블을 결성하면 이들의 음악 활동을 지원할 수

있을 뿐 아니라 지역 주민에게 훌륭한 음악을 선사하는 일석이조의 효과를 노릴 수 있다고 생각했다.

이에 따라 2017년 4월 창단된 앙상블 '靑'은 매달 두 차례 지역 주민을 위해 무료 정기 공연을 하고 있다. 구미시립합창단 부지휘자인 최용황 감독의 지도 아래 이제 갓 대학을 졸업하거나 재학 중인 새내기들이 바이올린, 비올라, 첼로, 피아노로 4중주를 구성했다. 단원 개개인의 경력은 화려하지 않지만 매주 2회 열 시간 이상의 맹연습을 통해 갈고닦은 실력을 유감없이 선보이고 있다.

청운신협의 이름을 따서 만든 앙상블 '靑'은 청운신협의 철학을 담은 문화 콘텐츠 중 하나이다. 청운신협은 앞으로도 '청운'과 철학이 통하는 다양한 콘텐츠를 만들어 청운신협의 브랜드 가치를 높여나갈 생각이다. 특히 자산 규모 1위라는 국내 최대 규모 신협의 위상에 걸맞게 사회적 책임 활동 방면의 위상도 키워나가겠다는 방침이다.

환경미화원의 상부상조에서 시작된 청운 정신

청운이 품은 푸른 꿈(靑雲)은 대한민국 온 국민이 가난에 허덕이던 1970년대, 하루 벌어 겨우 먹고사는 환경미화원들의 어려움을 해소할 방안을 고민하던 한 사람에게서 출발했다. 당시 대구 동구청 청소계 소속 환경미화원들은 지금은 상상하기 어려울 정도로 열악한 환경에서 근무했다. 박봉인 데다 부양할 식구가 많아 생계가 어려운 현실에서 고리채의 사슬에까지 휘말리자 그들의 삶은 더없이 피폐해졌다. 아무런 희망도 없이 하루하루 고되게 살아가는 이들을 돕기 위해 나선 이가 바로 당시 청소계 공무원 김영대, 청운신협 초대 이사장이었다.

이들의 경제적 자립을 돕는 길은 신용협동조합밖에 없다고 판단한 그는 1971년 11월 15일 신협 설립발기위원회를 구성하고, 1972년 1월 5일 조합원 40명, 총자산 1만 2천 원으로 창립총회를 개최해 청운신협의 역사를 열었다. 설립 초기만 해도 신협이 뭔지 몰라 가입을 꺼리는 환경미화원이 많았다. 하지만 동료가 신협에서 대출을 받아 장례를 치르는 모습을 지켜보면서 하나둘씩 조합에 가입하기 시작했다. 신협이 다른 금융기관과 달리 이익만 탐하지 않고 상부상조의 공동체 정신을 추구한다는 점을 깨달은 것이다.

전통시장 상인들도 조합원 가입 대열에 합류했다. 청운신협이 고금리로 사업자금을 마련하던 이들에게 파격적인 금리 조건으로 사업자금대출을 제공해 숨통을 틔워준 것이 도화선이 되었다.

이후 사업에 성공한 상인들이 청운신협에 저축을 맡기면서 상생의 선순환 구조가 만들어졌다.

설립 당시 '청소부 신협'이라고 불렸던 소박한 협동조합은 2017년 12월 말 기준 약 1조 3,095억 원의 자산을 자랑하는 전국 최대 신협으로 성장했다. 시중은행과 견줘도 뒤지지 않는 1퍼센트대의 낮은 연체율과 건전한 재무구조는 물론, 매년 2퍼센트대 후반의 조합원 배당을 하는 건실한 신협이다. 직원 숫자도 100여 명으로, 대구 수성구에 11개 영업점을 운영하는 등 여느 은행에 뒤지지 않는 탄탄한 규모를 자랑한다.

46년 성장 비결은 오직 '텃밭 경영'

청운신협은 오랜 역사만큼이나 곡절도 많았다. 1984년 대구 일부 신협의 부실 경영으로 인가가 취소되고 대구 신협 전체의 신뢰도가 추락하면서 청운신협도 당시 출장소가 폐쇄되는 위기에 처했다. 그러자 직원들은 임금 70퍼센트 삭감을 자처하며 '청운신협 살리기'에 앞장섰다. 김상수 이사장은 "생계가 어렵던 시절, 조합원이 퇴사하더라도 조그마한 포장마차라도 할 수 있도록 상부상조하자던 신협이 오늘에 이르기까지는 임직원들의 운동가적 정신과 희생이 무엇보다 큰 원동력이 됐습니다"라고 회상했다. 김상수 이사장 자신도 1978년 청운신협의 말단 직원으로 입사해 이사장 자리까지 오른 입지전적 인물이다. 청운신협의 초창기 정신을 간직하고 있는 전문 경영인인 만큼 그의 말이 품고 있는 무게도 남달랐다.

큰 시련은 성장의 발판이 됐다. 직원들의 희생에 감동한 조합원은 예금을 빼가기보다 오히려 늘렸다. 결국 청운신협은 3년 만에 자산을 10억 원가량 증가시키며 흑자 전환에 성공했다. 청운신협은 대구 지역 최고 신협을 목표로 꾸준히 전진해 1988년 말 자산 35억 원, 1991년 자산 125억 원, 1997년 5월에는 500억 원으로 급성장했다.

하지만 온 금융권을 구조조정의 살얼음판으로 몰아넣은 외환위기는 청운신협을 또 한 차례 시험대에 올렸다. 급변하는 금융환경에서 신축 회관까지 건립하느라 많은 어려움을 겪었지만 청운신협은 이전처럼 관리비 절감, 발빠른 구조조정, 수익사업 다변화, 지역 밀착 금융 등 경영의 기본에 충실하면서 꾸준히 성장해나갔다.

특히 청운신협이 꾸준히 자산을 늘려갈 수 있었던 비결은 '텃밭 경영'에 있다. 텃밭 경영이란 조합원을 지속적으로 관리하고 정성을 쏟아 텃밭을 늘려나가듯 조합을 키우는 방식을 의미한다.

대구 신천동 송라시장에서 생닭을 판매하던 한 조합원도 청운신협의 텃밭 경영에 힘입어 위기를 극복한 사람 가운데 한 명이다. 대형마트가 등장하면서 손님이 끊겨 생계가 어려워진 2000년에 그는 청운신협에서 신용대출을 받았다. 팔공산 인근에서 복숭아 농사를 시작했지만 여의치 않았고, 대출금도 제때 갚지 못했다. 하지만 청운신협은 대출금을 강제로 회수하지 않고 돈을 갚을 때까지 믿고 기다려줬다. 그리고 얼마 뒤 팔공산에 순환도로가 생기자 그가 소유한 땅값이 크게 뛰었다. 그러자 그는 땅 일부를 팔아 10년간 연체한 대출금을 갚았다. 지역 조합원과 오랜 기간 쌓아온 신뢰와 상부상조의 '청운 정신'이 빛을 발하는 순간이었다.

지역 대표 '맏형' 신협으로서 나눔을 실천하다

청운신협은 IMF와 글로벌 금융위기 전후로 경영이 어려워진 신협을 인수합병하며 지역 내 리더십을 키워나갔다. 2005년 범일신협, 2006년 상공회의소신협, 2015년에는 동인천주교회신협을 합병했다. 또한 일부 신협의 부실로 신협 전체의 공신력이 추락하는 것을 막고자 늘 지역 내 부실 신협에 대한 지원을 아끼지 않았다. '맏형' 조합으로서 대출 나누기뿐 아니라 각종 지역 내 중요 행사에 물품과 인력, 공동 교육과 마케팅 행사를 적극적으로 지원했다. 그런 까닭에 청운신협은 주위에서 진정한 노블레스 오블리주를 실천하고 있다는 평가를 받는다.

일례로 수도권 대출을 잘못 관리한 데 따른 부실로 재무상태 개선 조치 대상에 지정된 B신협은 4년에 걸친 청운신협의 멘토링 덕분에 최근 개선 조치 상태에서 벗어났다. 청운신협은 중견 직원을 B신협에 파견해 업무 노하우, 특히 대출 노하우를 집중적으로 전수했다. 또 청운신협에서 매달 실시하는 친절 교육에 B신협 직원들이 참여하게 했으며, B신협 직원들을 대상으로 여수신 마케팅 집중 교육을 실시했다. B신협 조합원이 고령층 위주여서 예금 위주 금융거래가 이뤄지고 대출이 어려운 점을 감안해 공동 대출에도 꾸준히 참여시켰다. B신협 관계자는 "연말만 되면 청운신협이 어르신들 겨울 내의 300벌을 보내줄 정도로 세세하게 신경을 많이 써주었죠. 신협 가족으로서 진심으로 도와준다는 생각에 늘 고마웠어요"라고 말했다.

그러나 이런 나눔이야말로 상부상조의 정신에 따라 이웃의 어려운 일을 돕자는 청운신협의 기본 방침이었을 따름이다. 그리고 앞으로도 그 정신은 변함이 없을 것이다.

청운신협의 나눔 경영은 사회복지, 문화여가, 자원봉사, 교육 장학 등 크게 네 개 부문으로 나뉘어 진행된다. 특히 사회복지사 업은 청운신협이 오늘날의 청운신협을 있게 해준 조합원을 위해 오래전부터 힘써온 부문이다.

1977년 청운신협 장학회를 설립해 40년간 약 180명의 청소년 들에게 장학금을 지원했으며, 1983년 경영 위기 상황에서 개원 한 어린이집도 지금까지 운영하고 있다. 2012년에는 최신식 건물을 신축해 지역사회에서 손꼽히는 어린이집으로 운영하고 있는데, 현재까지 배출한 졸업생이 3,500명에 이른다. 어린이집은 맞벌이 부부의 어려움을 해소하는 데 큰 도움을 주고 있으며, 순수한 신협 교육운동의 목적에 따라 특별활동비를 받지 않는 비영리사업으로 운영하고 있다.

청운어린이집뿐만 아니다. 청운신협은 1994년 청운주부대학과 2005년 경제 교실, 2011년 교육강좌 등을 개설해 조합원의 평생 교육에 앞장서고 있다. 문화여가 사업으로는 피트니스센터와 골프연습장을 운영해 조합원 할인은 물론, 거래실적에 따라 3개월 무료 이용 혜택을 제공한다. 2012년에는 청운신협 두손모아 봉사단을 창단해 수성구 및 동구 80여 가구에 매주 두 차례 독거

청운신협은 상부상조의 정신에 따라 사회복지사업에도 관심을 쏟는다. 그 철학을 잇는 두손모아 봉사단은 독거노인을 대상으로 무료 도시락을 배달한다.

노인을 대상으로 무료 도시락을 배달하고 있다.

청운신협은 오랜 기간 이 같은 복지사업을 추진하면서 지역민과 인적 네트워크를 쌓았다. 이런 네트워크는 자연스레 지역민이 다시 조합 운영의 든든한 후원자 역할을 자처하는 선순환 구조를 만들어냈다.

여기에 더해 청운신협은 청운실버타운과 주말농장, 청운요양원과 장례식장을 만드는 등 고령 조합원의 노후를 책임질 수 있는 시니어 특화 사업을 구상하고 있다. 김상수 이사장은 "조합원의 평균 연령이 점점 올라가면 이들을 위한 양질의 맞춤형 복지

시설이 더 많이 필요해질 겁니다. 고령 조합원이 좋은 시설을 갖춘 실버타운과 요양원에서 의료서비스를 받고 주말농장에서 소일거리하고 어울리면서 화목하게 지내는 모습을 상상하고 있습니다"라고 말했다. 노인들이 주말농장이나 인근 지역에 여행을 다닐 수 있도록 무료 셔틀버스인 '청운버스'를 운영하는 방안도 구상하고 있다.

청운신협의 비전은 '금융을 통해 복지를 구현하는 협동조합의 리더'이다. 그동안 빠른 속도로 성장해온 청운신협은 신협의 리더로서 신협 본연의 역할과 정체성에 대한 고민을 꾸준히 해왔다. 과거의 신협은 만성 고리채 문제를 자율적으로 해결하기 위해 결성된 조직이었다. 하지만 앞으로는 은행과 차별화된 방식으로 지역사회 구성원의 니즈를 해결하는 복지사업 분야에서 신협

청운신협의 오늘

청운신협은 설립자의 청운 정신을 조직의 DNA로 간직하고 있다. 2017년 12월 말 기준 약 1조 3,095억 원의 자산을 자랑하는 전국 최대 신협으로 성장한 청운신협은 전국 1등 신협으로서 지역 신협을 아우르는 리더십을 발휘하며, 2030년까지 당기순이익 200억, 자산 3조 원 달성을 목표로 나아가는 중이다.

의 중요성이 더욱 커질 것이란 게 청운신협의 판단이다.

　김상수 이사장의 비전처럼, 앞으로 신협의 경쟁력은 지역사회에서 고유한 역할을 얼마나 제대로 하는지에 달려 있을 것이다. 그리고 아마도 밝고 건전한 지역사회를 건설하는 가장 앞자리에서 청운신협이 주도적인 역할을 할 것이라는 사실은 누구도 의심하지 않을 것 같다.

제 2 장

상생 발전으로 지역사회의 소금이 되다

금융교육에
지역의 미래가 있다

초창기 신협운동이 가난 극복을 위한 운동이었다면 21세기에는 미래세대를 위한
금융교육이라고 굳게 믿는 곳이 있다. 바로 안산의 반월신협이다.
요즘 들어 '1사1교' 같은 금융교육이 널리 행해지고 있지만,
반월신협은 훨씬 전부터 특수학교를 상대로 금융교육을 해왔다.
반월신협이 쉽지 않은 그 길을 계속해서 걸어올 수 있던 원동력은 과연 무엇일까.

일찍이 안산의 반월면에는 농촌 운동의 선구자로 잘 알려진 심
훈의 《상록수》에 나오는 주인공 최용신 선생이 활동하던 샘골이
라는 곳이 있다. 그래서인지 반월면에서는 예부터 농촌 계몽 운
동이 활발히 전개되었다. 그 가치를 이어받았을까. 반월신협은
뜻 있는 지식인들이 모여 서민의 고통과 부담을 덜어주고 협동조
합의 참모습을 찾고자 1975년 9월에 총회를 열고 정식으로 창립

110

되었다. 당시 협동조합 하면 농협밖에 모르던 상황이었다. 게다가 농협에 대한 부정적인 시각이 팽배해 있었다. 그만큼 반월신협 창립 초기에는 어려움이 많았다. 그러나 반월신협은 뼈를 깎는 고강도의 부단한 노력을 통해 지금에 이르는 성장과 발전을 이룰 수 있었다.

안산은 신공업지구 건설의 적지로 선정되어 계획된 임해 공업 도시이자 수도권 위성도시로 발전하며 1986년 시로 승격되었다. 1990년 20만이 조금 넘는 인구 규모가 10년이 채 안 되어 배가 넘는 55만으로 늘어난 것에서 알 수 있듯이 급격한 성장을 해왔으며 성장 잠재력도 굉장히 큰 도시다.

이러한 지역적 특징은 반월신협이 꾸준하게 성장, 발전할 수 있는 밑거름이 되었다. 급격하게 변모한 지역적 기반에도 불구하고 반월신협은 지역 주민과의 밀착 경영에 힘써왔으며, 이 자산은 지금까지도 반월신협의 가장 큰 성장 원동력이 되고 있다. 작은 조합에서 출발한 반월신협은 오늘날 임직원 수 40명, 조합원 수 1만 4,627명과 자산 3,210억 원을 자랑하는 건실한 조합으로 성장했다.

 반월신협은 한국선진학교 학생들을 상대로 27년간 금융교육을 해왔다. 한국선진학교는 1990년 개교한 국립 특수학교로서, 특수교육과 기초생활훈련을 통해 지적 장애인이 사회에 적응할 수 있도록 교육하는 기관이다.

 한국선진학교가 개교한 같은 해 6월에 반월신협이 본오지점을 개설했고, 한국선진학교는 학생들의 금융기관 체험과 장학적금 납입을 목적으로 계좌 개설을 요청했다. 학생들은 단체로 통장을 개설하고, 매주 담임선생님의 인솔 아래 본오지점을 방문해 장학적금을 입금했다. 처음에는 반별로 통장을 걷어서 대표 한 명이 본오지점 창구에서 입금했다. 하지만 이후 금융기관 체험을 목적으로, 입금하는 학생 모두 직접 방문하기로 방침을 바꾸었다. 학생들은 번호표를 뽑고 대기 후 입금하고, 주기적으로 현금인출기 실습을 병행했다. 그러다 보니 유치부부터 전공부까지 쭉 진학하는 학생들과는 낯이 익고 정이 들었다. 이제는 직원들의 팬을 자처하는 학생도 여러 명 있다.

 전교생이 교대로 일주일에 한 번씩 방문하다 보면 일부 통제가 어려운 중증 장애 학생은 가만히 있지 못하고 소리를 지르기도 한다. 거래하는 조합원이 오래 기다리거나 불편해하는 경우도 발

반월신협에서 이뤄지는 살아 있는 금융교육. 반월 신협은 지역 주민과의 밀착 경영에 힘쓰면서 건실한 조합으로 성장하고 있다.

생했다. 그러나 직원들이 차근차근 사정을 설명하면 대부분 태도를 바꾸어 응원해주었다.

학교를 졸업할 즈음 부모님과 학생이 장학적금을 찾으러 올 때면 직원들은 학생들을 아쉬운 마음에 떠나보내지만 동시에 마음이 뿌듯해진다. 반월신협은 앞으로도 장애 학생을 상대로 하는 금융교육을 쭉 이어갈 방침이다.

물론 장애 학생만을 대상으로 금융교육을 하는 것은 아니다. 반월신협은 인근 초등학교와 중학교, 고등학교 학생들을 상대로 멘토링 교육도 하고 있다. 단순히 금융교육에 그치는 게 아니라 신협 직원이 학생에게 인생 선배로서 좋은 멘토가 되어주는 활동이다. 멘토링 교육은 시간과 비용이 많이 들어가는 활동이다. 그러나 직원 한 명 한 명이 책임감 있게 임하고 있고, 개인적인 만족도 역시 가장 크다.

반월신협은 금융교육 외에도 금융기관만이 할 수 있는 역할을 찾았다. 바로 학자금대출이다. 반월신협이 핵심 경쟁력으로 꼽는 상품은 '드림학자금대출'이다. 학업 의지는 있지만 학비가 부담스러운 대학생에게 저리로 자금 지원을 해준다. 대출 자격 요건은 까다롭지 않다. 신용 등급 7등급 이내이거나 과도한 현금서비스, 카드론을 보유하지 않았다면 공동유대 내 1년 이상 거주하는 대학생은 누구나 가능하다.

드림학자금대출은 사회공헌활동의 일환으로, 대출금리는 이사회에서 정하는 특별금리로 운용된다. 기초수급자, 차상위계층, 장애인, 다자녀가구에 해당하는 대학생은 정기예탁 1년 금리를 적용하여 더욱 부담 없는 금리로 제공한다. 이 상품은 단순히 이윤 추구를 목적으로 삼는 대출이 아니다. 여건이 어려운 대학생, 장학재단에서 대출이 불가능한 대학생들도 올곧게 성장할 수 있도록 뒷받침하는 것이 목표이다.

반월신협은 최근 10년 내 성장이 두드러지는 신협이다. 9년 전 조직 구조를 개편해 '일을 할 수 있고, 일을 해야 하는' 조직 문화를 구축한 것에서부터 변화가 시작됐다.

2015년 창립 40주년을 맞이한 반월신협은 '조합원이 행복한 신협, 지역사회에 공헌하는 신협'이라는 미션과 '새로운 가치를 창출하는 지역 금융 파트너'라는 비전을 수립하고 공표했다. 신협은 일반적인 금융기관과는 본질적 차이가 있기에 단순히 이익 창출에만 그 목표를 두지 않았다. 중장기 경영 목표 전략인 'GO! 2025'(조합원 수 2만 명, 자산 5,000억 원, 당기순이익 50억 원 등)와 더불어 모든 금융적 가치는 협동조합의 기본 가치를 실현하는 데에 쏟겠다고 지향점을 명확히 했다.

반월신협은 비전 수립과 동시에 총무기획팀, 여신채권팀, 신용사업팀을 구성해 새롭게 정비했다. 각 팀은 연도별 사업계획을 수립하고, 팀별 프로젝트를 정한다. 하지만 팀별 프로젝트라 하더라도 팀 독자적으로 진행하는 것이 아니다. 대부분의 사업이 팀 간 공유 및 협조를 통해 시너지를 내고 있다.

이러한 시스템은 사업 진행 과정에서 반드시 발생하는 경제적, 상황적 변수에 신속하고 능동적으로 대처함으로써 리스크를 최소화하고 효과를 극대화하기 위한 전략이다. 반월신협은 각 팀의 사업과 관련하여 인적, 물적 지원을 아끼지 않는다.

3개 팀은 수직적 구조가 아닌 수평적 구조로 이루어져 있다. 팀 선택은 최대한 개인 의사를 반영하고 팀장 또한 직급에 상관없이 역할에 적합한 직원을 팀원으로 뽑고 있다. 또한 팀 내 의사소통도 자유롭게 하는 등 팀 활동을 최대한 능동적으로 할 수 있게끔 조합이 적극적으로 지원한다.

도입 초기에는 몇 가지 시행착오를 겪었다. 수동적 조직문화를 능동적으로 변화시키는 데는 생각보다 어려움이 컸다. 조직문화를 개선하기 위해서는 직원들의 의식구조 개선이 먼저였다. 반월신협은 인내심을 갖고 프로그램을 진행했다. 9년이 지난 지금은 수평적 조직문화가 정착됐다고 평가할 수 있다. 젊은 직원들이 신선한 트렌드에 맞춰 여러 기획안을 제안하면 경력과 경험이 많은 선배 및 관리직원이 피드백을 하는 등 자유롭게 의견을 교환하는 방식이 곳곳에 나타난다.

예를 들어 2015년 창립 40주년을 맞아 미션과 비전을 수립하는 과정에서는 전체 직원이 2년 전부터 함께 모여 주제를 연구하고 공부했다. 2개 조로 나누어 여러 차례 토론을 거친 뒤 미션과 비전의 기본 이념을 정립했다. 그리고 다같이 모여 최종적으로 반월신협의 존재 가치를 투영하는 미션과 비전을 수립했다. 이러한 일련의 과정은 직원 한두 사람이 그냥 만들어낸 것이 아니고 전체 직원이 스스로 연구하고 고민한 결과물이기에 무엇보다도 그 가치가 컸다. 그러다 보니 가치 실현을 위한 조직원의 노력도 더욱 자발적인 모습을 띨 수 있었다.

협동조합의 이념과 현실 사이에서

반월신협이 지금까지 순탄한 과정만 겪어온 것은 아니다. 성장 과정에서 가장 큰 어려움을 겪었던 시기는 역시 1997년 외환위기였다. 많은 신협이 경영 악화 등 여러 가지 이유로 문을 닫았고, 반월신협 또한 큰 위기에 내몰렸다. 그 고비를 넘기고 나서도 2001년과 2002년 2년간 출자 배당을 하지 못할 정도로 최악의 상황을 맞았다. 그 당시 협동조합으로서의 기본적 이념 구현과 금융기관으로서의 성장 추구 사이에 많은 고민이 있었다.

반월신협은 깊은 딜레마에 빠졌다. 그러나 경영난을 이유로 설립 취지와 협동조합의 기본 이념을 포기할 수 없었다. 이에 반월신협은 혁신 경영 도입으로 내실 있는 성장을 도모하고, 재무적인 기초 체력을 튼튼히 하기 위해 노력했다. 이러한 노력은 이후 15년 연속 흑자 배당과 자산 규모 3,200억 원이라는 결실을 가져왔다.

반월신협의 서브 비전은 "모든 사업은 사회공헌활동과 연계한다"이다. 이를 통해 알 수 있듯이 반월신협이 진행하는 모든 사업 및 행사는 사회공헌활동과 관련이 있다. 지역사회에 공헌하고 지역 주민과 더불어 공생하는 것이 지역 금융기관의 마땅한 역할이라고 믿기 때문이다.

대표적인 사회공헌활동으로는 '관내 초·중·고등학교 장학사업', '사랑의 쌀, 희망의 라면 나누기', '온새미로 고희연', '관내 노인정 후원', '지역아동센터 협동경제 멘토링', '평화의집 임직원 봉사활동' 등이 있다. 그 밖에 주민센터 및 지역단체장들과 협조하여 다양한 복지사업 및 사회환원사업을 진행하고 있다.

'연령별 프로그램'도 빼놓을 수 없는 반월신협의 자랑이다. 여기에는 첫째, 아동 및 청년층을 대상으로 한 어린이 금융캠프, 청소년 진로체험활동, 가족 나들이 행사, 두 번째로 중장년층을 위한 테마여행, 우수 조합원 선진지 견학, 세 번째로 노년층을 위한 고희연 등이 있다.

그중 청소년 진로체험활동은 중학교 교육 과정부터 학생의 직업 적성을 찾아주기 위한 체험활동이다. 직업 선택의 중요성이 높아지면서 조합원들의 반응이 날로 뜨겁다. 5년 전부터 상반기와 하반기로 나누어 진행하는데, 이를 위해 반월신협은 고등학교

청소년 진로체험·직업활동. 연령별 프로그램은 반월신협의 사회공헌활동과도 궤를 같이하는 대표적 사업이다.

와 본격적으로 MOU를 체결하여 직업체험활동을 적극 지원하고 있다.

이러한 연령별 프로그램은 총괄 담당자가 컨트롤타워가 되며 각각 편제된 별도의 팀이 중점적으로 추진하고 있다. 해당 팀에 편제되지 않은 직원들은 지원 역할을 한다. 주변에서는 행사가 너무 많은 것 아니냐고 우려하지만, 반월신협 직원들은 그동안 축적된 노하우 덕분에 별 어려움이 없다. 오히려 그런 행사가 생

반월신협 직원들은 신협을 통해 사회적 가치를 실현하고 있다는 신협인으로서의 보람과 긍지를 느낀다. 사진은 반월신협의 1사1교 활동.

각지도 못한 보람과 만족으로 돌아올 때가 종종 있다.

'사랑의 쌀, 희망의 라면 나누기' 행사가 끝난 어느 날이었다. 반월신협 직원들이 여느 때처럼 업무에 집중을 하고 있을 때 한 손에 두툼한 보자기를 든 할머니가 두리번거리며 들어섰다. 이내 자신에게 쌀과 라면을 전달해준 직원을 알아본 할머니는 환하게 웃었다. "덕분에 명절을 풍성하게 잘 보낼 것 같아. 고마움을 전하고 싶은데 할 줄 아는 게 이것뿐이야." 보자기 안에는 할머니가 손수 뜨개질한 알록달록한 수세미와 편지 한 통이 들어 있었다. 그 순간 반월신협 직원들은 너 나 할 것 없이 벅차오르는 감정을 느꼈다. 사회적 가치를 실천하고 있는 신협의 직원으로서 보람과 긍지를 갖게 하는, 작고도 소중한 감정이었다.

반월신협의 오늘

반월신협은 1975년 창립하여 안산시 전 지역을 공동유대로 활동하고 있다. 본점 외에 본오지점, 팔곡지점, 각골지점, 샘골지점을 두고 있으며, 조합원 수 1만 4,627명과 자산 3,210억 원을 자랑하는 건실한 조합이다. 지역사회에 공헌하는 신협이 되기 위해 소통, 책임, 전문을 핵심으로 지역의 새로운 가치를 창출하기 위해 뛰고 있다.

텃밭 경영으로 지역에
뿌리를 내리다

아무리 뛰어난 경영자라도 훌륭한 구성원이 뒷받침되지 않으면
좋은 조직으로 거듭날 수 없다. 청주상당신협은 직원들의 뜨거운 열정과
솔선수범하는 행동관으로 지역 금융의 주도권을 쥔 협동조합으로 자리 잡았다.
충북을 대표하는 신협으로서 충북지역본부 평가에서
13년 연속 최우수·우수 조합상을 받으며 눈에 띄는 성과를 내고 있다.

청주상당신협에선 매일 신나는 음악소리가 흘러나온다. 조합 3층에 위치한 문화공간에서 매일 아침 에어로빅을 하는 조합원들의 힘찬 구령소리가 들린다. 에어로빅이 끝나갈 무렵엔 요가와 노래 교실에 참여하는 조합원들이 이곳으로 모여든다. 조합 2층에서도 하루 종일 웃음소리가 끊이질 않는다. 운동을 마친 조합원들이 삼삼오오 모여 커피와 직접 싸 온 간식을 꺼내놓고 먹으

청주상당신협에서 열리는 노래 교실. 지역 사랑방으로 자리매김한 청주상당신협은 매일 수많은 조합원의 발길로 북적인다.

며 수다 삼매경에 빠지기 때문이다.

문화 마케팅으로 꽃피우는 청주의 '사랑방'

청주시 상당구 금천동에 자리 잡은 청주상당신협은 이 지역 '사랑방'으로 통한다. 건물 3층에 문화공간을 마련해 에어로빅, 요가, 노래 교실, 차밍댄스, 골프 프로그램을 운영하면서부터다.

에어로빅과 요가 수강료는 단돈 만 원. 이젠 대기자 명단까지 생길 정도로 인기 있는 지역 내 문화센터로 자리 잡았다. 지역 주민은 3층짜리 건물에서 운동과 친목 도모, 금융거래까지 할 수 있는 청주상당신협을 더 이상 금융기관으로만 보지 않는다.

청주상당신협의 문화 마케팅은 지난 2009년 조합원 규모 확대를 위해 시작됐다. 평소에 거래 목적이 아닌 고객이 조합을 좀 더 자연스럽게 방문하도록 유도할 수 있는 방법을 고민한 끝에 내린 결정이었다. 효과는 그야말로 '대박'이었다. 2008년 7,150명에 불과했던 조합원 수는 현재 1만 8천여 명으로 확대됐다. 문화활동을 시작한 이후부터 충성도 높은 우량 조합원도 늘어났다. 전체 수강생 5백여 명 가운데 80퍼센트 가량은 50~60대 주부들이다.

김선주 청주상당신협 전무는 "운동을 하러 왔다가 금융 업무를 동시에 보게 되면서 거래가 자연스레 늘어나는 효과가 나타나고 있습니다. 특히 지역 내 주부들 사이에서 입소문이 나면서 이제는 신규 고객 유입 효과를 톡톡히 보고 있지요"라고 말했다.

문화교실 참여를 위한 조건은 가입 6개월 이상 된 조합원이어야 한다는 것이다. 거래 금액이나 횟수는 관계가 없다. 거래 금액을 조건으로 걸면 장기적으로 효과가 떨어질 수밖에 없다는 판단 아래, 우선 신협과 거래를 시작하게 하자는 방향에 초점을 둔 결정이었다.

이 같은 문화 마케팅은 조합원 가치 혁신이라는 조합 목표와도 일맥상통한다. 타 금융기관에서 경험해보지 못한 서비스를 제공함으로써 조합원이 느끼는 만족감을 높일 수 있기 때문이다.

이뿐만 아니라, 참조합원 행운대잔치와 조합원 힐링 기차여행, 조합원 해외문화탐방 등의 연중행사를 통해 조합원에게 조금 더 가깝게 다가가기 위해 노력하고 있다. 덕분에 조합원의 만족도도 높아지고, 매년 참여하는 조합원 수도 늘어나고 있다. 직원들 또한 성취감을 느끼며 조합원과 함께 행복을 공유하고 있다.

오늘도 꿈과 미래를 향해 달린다

'17년 연속 흑자 달성! 출자금 배당률 3.01퍼센트!' 청주상당신협이 2018년 초 발표한 실적이다. 지역 금융기관으로서 조합원의 믿음과 신뢰를 받는 이유를 대변하는 수치이기도 하다. 그에 걸맞은 수상 이력도 화려하다. 2004년 우수경영 신협중앙회장 표창을 받은 이래 2006년 신협중앙회 공제평가 스마일론공제 전국 1위 특별상, 2006년 신협 제휴카드 추진 충북 1위, 2009년 신협중앙회 친절평가평의회 1위, 2009~2011년 제휴카드 이벤트 충북 1위, 2013년 공제캠페인 우수 조합, 2014년 VAN · 상조 · 공제캠페인 우수 조합, 2014년 경영지원활성화캠페인 우수 조합, 2015년 공제캠페인 우수 조합, 2016년 공제캠페인 우수 조합 등 다양한 분야에서 괄목할 만한 성적을 꾸준히 내놓고 있다.

이처럼 '승승장구'하는 청주상당신협에도 굴곡진 역사는 있었다. 1997년 당시 대출 금융사고와 외환위기를 겪으며 조합은 존폐 위기에 놓였다. 기존 조합원 탈퇴와 손실금 발생 탓에 재무상태 관리 대상으로 지정되기도 했다. 하지만 위기는 곧 기회라고 했던가. 조합의 피 나는 경영구조 개선 작업과 2002년 명암신협과의 합병 과정을 거치며 청주상당신협은 우량 조합으로 거듭나기 시작했다.

청주상당신협의 경영 철학은 '꿈이 있는 신협! 미래가 있는 신협!'이다. 과거 어려운 시기에도 직원들이 희망을 버리지 않고 끊임없이 꿈을 좇았기 때문에 지금의 모습이 될 수 있었다는 경험이 반영되었다. 청주상당신협 임원들도 직원들에게 꿈을 줄 수 있는 일터를 만들기 위해 끊임없이 노력한다. 조합 비전을 '좋은 (good) 신협을 넘어 위대한(great) 신협으로 나아가자'로 설정한 것도 이 같은 이유에서다.

김선주 전무는 "지금 20~30대 후배들의 미래 먹거리를 위해 지점을 더 늘리는 등 중장기적인 계획을 만들고 있습니다. 결국 지역 내에서 가치를 높여 지속적인 성장을 하는 것이 우리 조합이 살 길이라는 생각이지요"라고 말했다.

청주상당신협 직원들의 조합원과 조합에 대한 열정은 남다르다. 아파트 주차장을 돌아다니며 차에 적힌 연락처를 모아 홍보 문자를 보내고, 아파트 단지 가구 전체를 대상으로 손편지를 발송해 고객을 직접 찾아다닌다. 조합원에겐 적금 만기 등 일정 확인 알림과 애정 가득한 안부 문자 전송도 잊지 않는다.

청주상당신협 직원들에겐 무엇보다 조합원 편의가 우선이다. 평일 업무와 토요일 업무 연장도, 직장 근무시간 때문에 적금 만기가 지났는데 찾지 못한다는 한 조합원의 푸념에 시작됐다. 평일엔 저녁 7시 30분, 토요일엔 오후 1시 30분까지 조합 문을 열어놓는 것은 청주상당신협만이 내릴 수 있는 결단이었다. 야간·휴일 근무도 직원들이 먼저 계획을 짜서 제출했다. 직원들의 열정에서 비롯된 야간 창구는 지역에서 '청주상당' 브랜드를 알리는 효과적인 계기가 됐다.

청주상당신협이 지금의 상당구 금천동에 터를 잡을 때 이미 지역에는 은행 등 타 금융기관의 지점들이 빼곡히 자리 잡고 있었

청주상당신협은 평균 나이 35세의 젊은 조직이다. 직원들은 성취감을 느끼면서 조합원과 함께 행복을 만들어나가고 있다.

다. 지역 내 후발주자로서 차별화 전략이 절실했다. 야간 창구를 운영하는 특화점포 전략은 '신의 한 수'였다. 직원들은 인근 부동산을 직접 찾아다니며 오후 4시 이후에도 문이 열려 있다고 알렸다. 실제 은행 영업시간이 지나 부동산에서 거래가 이뤄질 때면, 부동산 중개사들이 고객에게 자연스레 청주상당신협을 소개해주게 됐다. 그렇게 시작된 조합원과의 인연은 직원들의 노력으로 이어졌고, 연장영업 시행 1년 만에 조합원은 보통예금 20억 원 증가라는 결과로 직원들의 열정에 화답했다.

청주상당신협의 영업 비결 중 하나는 '휴면 조합원도 다시 돌아보자'이다. 비록 장기간 거래가 없는 조합원이라도 잠재적 고객으로 생각해 꾸준히 관리하다 보면 언젠가 필요할 때 조합을 찾게 된다는 믿음에서다. 실제로 조합원 관리도 어렵고, 홍보 차원에서 발송하는 문자 비용도 들어가지만, 1년에 한두 번이라도 조합을 찾는 고객이 있기 때문에 청주상당신협은 휴면 조합원도 결국 똑같은 조합원이란 마음으로 대한다. 예·적금 만기 한 달 전에 문자메시지를 보내고, 유선연락을 통해 재예치를 유도하기도 한다.

청주상당신협이 이처럼 적극적인 마케팅 전략을 펼칠 수 있는 배경은 무엇일까. 여기에는 직원 평균 나이가 35세에 불과한 젊은 조직이란 점도 한몫한다. 조합 직원들은 전국 어느 조합보다 뜨거운 열정을 갖고 있다고 자부한다. 임원들은 조합이 성장하기 위해선 구성원이 필요하고, 조직이 발전하면 구성원은 자연스레 발전하는 것이라는 동기 부여를 통해 직원들의 사기를 북돋는다.

'부실 대출 원천봉쇄' 매일 열리는 회의

청주상당신협이 경영우수 조합으로 우뚝 설 수 있는 배경에는 철저한 부실 관리가 자리 잡고 있다. 과거의 시행착오를 교훈 삼아 내실 있는 성장을 핵심 가치로 설정했기 때문이다.

매일 오후 5시 30분 청주상당신협에선 여신 담당 직원들이 모여 회의를 한다. 조합이 제시하는 비전 중 하나인 핵심가치 창출 제고를 위해서는 요구불예금 10퍼센트 이상, 연체율 1퍼센트 미만이 필요하다. 이를 유지하지 못해 대손충당금이 높아지면 결국 '밑 빠진 독에 물 붓는 격'이 된다는 생각에서다. 결국 자산건전성을 유지해야 조합의 수익성이 좋아진다는 판단 아래 매일 자체적인 여신 심의를 수행하는 것이다.

회의에선 주로 연체된 대출과 관련한 논의가 이뤄진다. 상환이 안 된 대출을 해결할 방안을 고민하고, 부실 대출 관리 담당자에게 내용을 전달해 빠른 업무처리가 가능하도록 돕고 있다. 그 결과 2017년 청주상당신협의 대출 부실률은 0.23퍼센트에 불과했다. 은행과 비교해도 손색없는 수준이다.

청주상당신협의 또 다른 경영 비결은 '스마트 경영'이다. 조합 수익 구조 개선 및 조합 경쟁력 강화를 최우선 목표로 삼고, 지난 2004년부터 조합 스스로 종합 목표 관리제를 도입해 충실히 이행하고 있다. 청주상당신협은 이 제도를 스스로 '스마트한 목표 관리 기법'이라 평가한다.

Specific: 세부적으로 나누어 구체적으로

Measurable: 목표 달성 정도를 측정 가능하게

Action-oriented: 현실적으로 달성 가능하게

Realistic: 작은 꿈이 모여 큰 꿈을 이루게 현실적으로

Timely: 마감시간을 정해 현실적으로

종합 목표 관리제는 조합의 경영 상태를 종합적으로 분석해 수익 기반을 확대하기 위해 마련됐다. 우선 조합의 핵심 목표를 매년 설정한다. 2018년 청주상당신협은 순자산·대출금 전년 대비 10퍼센트 증대, 순자본 0.5퍼센트 증대, 연체율 10퍼센트 감축, 신규 조합원 6백 명 이상 확보, 수수료 수익 10퍼센트 증대, 제휴상품 판매 확대를 목표로 설정했다. 이를 토대로 직원 개인의 의지를 반영한 목표치를 설정한다. 이후 대출, 공제상품, 제휴업무 등 세부적인 실천 계획을 세우는 방식으로 논의가 진행된다. 직원들은 주간별 목표 관리 추진 실적 현황을 보고하고, 매월 조합 전체 실적을 각 분야별 달성률로 분석해 관리한다.

종합 목표 관리제 실행 목적은 분명하다. 조합이 재무건전성 및 수익성을 확보해 조합원에게 만족감을 주기 위해서다. 같은 맥락에서 2018년 세부 목표 중 하나로 ROA(총자산순이익률) 1.0퍼센트 이상 유지를 세부 과제로 설정하기도 했다. 또 객관적인

결과치를 인사고과에 반영하고, 이를 바탕으로 매월 말 성과급 지급과 이사장 표창을 추천하다 보니 직원들의 불만도 없다.

이 같은 철저한 부실 대출 관리와 실적 관리 시스템 덕에 청주상당신협은 2005년부터 2017년까지 13년 연속 최우수 또는 우수 조합 타이틀을 놓친 적이 없다. 종합 목표 관리제 도입 후 2012년까지 청주상당신협은 매년 20~30퍼센트 순이익 성장률을 기록해왔다. 심지어 경영 안정기에 접어들었다고 판단한 최근에도 매년 10퍼센트 정도의 성장세를 보이고 있다.

'착한은행'으로 지역 곳곳에 스미다

청주상당신협은 지역 내 첫 '착한은행'이다. 사회복지공동모금회가 진행하는 연중 모금 캠페인 '착한가게'에 지난 2012년 금융기관으로는 처음 참여하게 되면서 이 같은 타이틀을 얻었다. 청주상당신협은 이후 정기적인 기부는 물론, 지역사회 환원사업에도 힘쓰고 있다.

청주상당신협은 서민금융을 선도하는 지역 밀착형 조합의 모습을 가장 잘 보여주고 있는 사례로도 꼽힌다. 지역사회를 위한 사회공헌활동을 끊임없이 전개하는 이유도 여기서 찾을 수 있다.

청주상당신협에서 열린 풍란전시회. 풍란전시회는 단순한 볼거리 그 이상이다.

불우 이웃 돕기를 위한 풍란전시회, 사랑의 행복 밥집 및 반찬 봉
사, 소망원 후원, 지역 어르신을 위한 이·미용 봉사, 독거노인을
위한 세탁 봉사, 사랑의 김장김치 나눔 행사, 사랑의 온세상 연탄
나눔 행사, 키다리박스(생필품) 전달 행사 등 연중 이어지는 사회
공헌활동으로 지역 발전에 기여해 타 조합의 귀감이 되고 있다

　청주상당신협의 대표 활동 중 하나는 풍란전시회다. 조합원에
게 볼거리를 주기 위해 시작했지만, 이젠 지역의 대표 행사로 인
정받고 있다. 또 2002년부터 이어지는 장학제도도 빼놓을 수 없

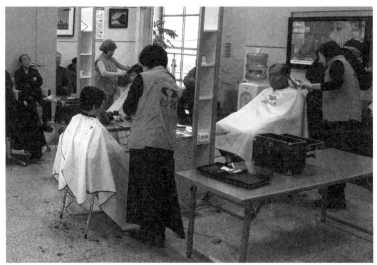

청주상당신협은 사회공헌활동을 통해 조합원들에게 조합에 대한 자부심을 심어준다. 사진은 지역 어르신을 위한 이미용 봉사.

다. 어려운 가정 형편 때문에 꿈을 포기하는 일이 없도록 생활이 어려운 조합원 자녀나 소년소녀가정 등을 지원한다.

청주상당신협 직원들도 조합에 대한 긍지를 느끼는 일로 주저 없이 사회공헌활동을 꼽는다. "김장 봉사를 통해 김치를 담그고 박스에 담아 배달하면서 이웃의 환한 얼굴을 볼 때, 연탄 봉사를 하며 불우 이웃에게 조금이나마 도움을 줄 때, 풍란전시회를 하면서 성금 모금을 하고 기부를 할 때, 장학금을 받아 원하는 대학에 갈 수 있었다고 감사 인사를 전하러 오는 학부모님을 볼 때 신협 직원이 된 뿌듯함을 느낍니다."

  '착한은행'으로서 뿌리 내리고 있는 청주상당신협의 존재 가치는 조합원을 위하는 직원들의 정성 어린 손길에 힘입어, 지역 곳곳에 천천히 스며들고 있다.

청주상당신협의 오늘 •——

청주상당신협은 1976년 창립 이래 서민과 영세 상공인을 위한 금융기관으로서 계층 간 불균형을 해소하는 사회적 역할을 수행해왔다. 2017년 총자산 2,647억 원, 당기순이익 13억 원을 실현했으며, 신협중앙회 미래창조경영평가 13년 연속 우수조합으로 표창을 받았다. 청주의 '사랑방'으로 자리 잡은 청주상당신협은 질 좋은 금융 서비스를 통해 조합원에게 행복을 주고 다양한 봉사활동으로 지역사회에 기여하고 있다.

본점 이전으로
지역 금융을 리딩하다

본점의 위치는 금융기관의 위상을 드러낸다. 전주파티마신협은 선제적인 본점 이전으로 신도시에 확고한 거점을 마련해 탄탄한 수익 기반을 마련하고 신협 전체의 위상을 드높였다. 이제 파티마신협은 전북을 대표하는 금융협동조합으로서 지역 내 다양한 협동조합을 지원함으로써 사회적 경제 발전의 발판을 다지고 있다.

전북 전주시 완산구 효자로, 전라북도청 주변은 전주에서 가장 번화한 신시가지다. 행정기관이 모여 있을 뿐 아니라 금융기관과 대형 프랜차이즈가 줄줄이 입점한 고층 빌딩과 신식 아파트가 숲을 이루면서 밤낮으로 사람들의 발길이 끊이지 않는다. 빌딩 숲 한가운데 건물 꼭대기에 '파티마신협'이라는 큰 글자가 눈에 띈다. 언뜻 봐서는 신협 건물처럼 보이지만 사실 10층짜리 대형 빌

본점 이전 당시 전주파티마신협 전경. 파티마신협은 대형 빌딩에 입주하면서 공신력을 확보했고, 이를 바탕으로 지역 금융을 주도적으로 이끌고 있다.

딩에서 신협이 임대한 공간은 1층과 9층에 불과하다. 9층에 큰 간판을 걸어놔 마치 신협이 소유한 빌딩인 것처럼 착각하게 만든다. 실제로 동네 주민은 이 건물을 '파티마 빌딩'이라고 부른다. 빌딩이 최초로 지어진 2009년부터 일찌감치 파티마신협 본점이 입주해 터줏대감 역할을 해왔기 때문이다.

파티마신협은 1979년 창립 이래 30여 년간 서부시장에 있던 본점을 2009년 이곳 전라북도청 신시가지로 이전했다. 파티마신협 본점이 이전했을 때만 해도 신시가지는 허허벌판에 가까웠다. 2007년 중앙동에서 이전해 온 전라북도청이 나 홀로 우뚝 서 있는 가운데 고층 빌딩 두 개가 구색을 맞추고 있을 뿐이었다. 그중 한 빌딩에 파티마신협이 본점을 이전하겠다고 결정했을 때 주변에서는 다들 뜨악한 표정을 지었다. 2009년 본점 개점식에 참여한 다른 신협 이사장들의 표정도 마찬가지였다. "우리가 죽기 전에 이 동네가 다 개발되긴 할까?" 모두가 하나같이 파티마신협의 파격적인 결단을 걱정 어린 시선으로 바라봤다.

하지만 걱정 어린 시선은 기우에 불과했다. 파티마신협은 신시가지의 랜드마크로 자리 잡으면서 지역경제와 함께 쑥쑥 성장했다. 서부시장 본점 시절 500억 원을 넘지 못했던 자산은 도시 개발과 더불어 10년이 채 안 돼 2,500억 원으로 다섯 배 가까이 급성장했다.

현재 파티마신협이 입주한 빌딩은 신시가지의 한가운데에 있다. 다른 대형 은행들이 뒤늦게 근방에 진출하려고 했지만 파티마신협의 공고한 입지에다 임대료 부담까지 커서 대부분 포기했다. 유병환 이사장은 "전주 시내에 높은 빌딩이 새로 올라왔는데 거기에 파티마신협이 입주했다는 사실 자체로도 홍보 효과가 엄청났어요. 멀리서도 잘 보이는 간판 덕분에 이곳이 마치 우리 빌딩인 것처럼 알려지면서 신협의 위상 자체가 높아졌습니다"라고 말했다.

사실 본점 이전은 파티마신협의 생존을 위한 결단이었다. 1979년 파티마성당(현 효자성당)에 초대 주임신부였던 문정현 신부가 창립한 파티마신협은 서부시장 상인들의 애환을 함께하던 곳이었다. 하지만 2000년대 들어 서부시장의 공동화 현상이 심해지면서 조합원 이탈이 이어지고 '제로 성장'이 장기화되기 시작했다. 신규 조합원을 창출하고 미래 수익 기반을 마련하려면 다른 곳으로의 본점 이전이 불가피했다.

전문가를 통해 지점 진출을 위한 시장 상권 컨설팅을 실시한 결과 지금의 위치 외에도 아파트 주변 지역이 후보군으로 올라왔다. 신협이 영세한 서민금융기관이니 큰 대로변보다는 동네 골목이 어울린다는 의견도 많았다. 하지만 파티마신협은 향후 인구 규모와 유동성을 분석하고 나서 지금의 위치가 최적이라는 결론을 내렸다. 당시 신시가지는 택지 조성 구역인데도 개발이 오래 걸려 당장의 이익을 기대하기 어려웠다. 하지만 중장기적인 미래를 생각했을 때는 최선이라고 판단했다.

양춘제 상임이사는 "신협이 대형 빌딩에 입주한 사실만으로도 대형 은행과 같은 공신력을 확보할 수 있었어요. 이후로 도시 개발 과정에서 주변 건물과 상점에 대출을 집중적으로 공급하면서 자산이 크게 늘었습니다"라고 말했다. 특히 신시가지 개발 초기에 신협이 건물주 모임을 주도하면서 대형 우량 대출을 다수 취급할 수 있었다. 지금도 신협은 상가번영회와 지역발전협의회 같은 모임에 주도적으로 참여하면서 지역 금융을 선도하고 있다. 다른 금융기관과 달리 지역사회 환원을 중요한 경영 가치로 삼으면서 공공성을 추구하는 신협이기에 가능한 일이었다. 현재 파티마신협 대출의 절반 이상이 바로 이곳 본점에서 취급한 것이다. 파티마신협은 본점 이전 이후에도 상산타운과 혁신도시 같은 새로운 주거 도시가 생길 때마다 발빠르게 지점을 개점해 신성장 동력으로 삼았다.

전북 대표 금융협동조합으로서 큰형님 역할

전북은 전통적으로 한국에서 신협운동이 활발하게 이뤄진 지역 중 하나다. 국내 신협운동의 선구자들도 많이 배출했다. 파티마신협을 최초 설립한 문정현 신부, 임실치즈신협을 만들었던 지

140

정환 신부가 1960~1970년대에 지역경제 발전을 위해 직접 신협 운동을 이끌었다. 그래서 지역 각지에 여전히 역사가 오랜 소규모 신협들이 합병되지 않은 채 남아 있다. 전주시 인구가 65만 명인데 신협은 30여 개에 달한다. 전국적으로 평균 인구 20만에 신협 한 곳이 개설돼 있음을 감안하면, 전주는 조합 밀집도가 높은 편이다. 어쩔 수 없이 은행과 상호금융권, 특히 다른 신협과도 치열하게 경쟁해야 하는 것이다.

파티마신협 신시가지 본점의 성공은 전북 지역의 다른 신협에도 긍정적인 영향을 주었다. 일단 신협에 대한 공신력이 대형 은행 못지않게 높아졌다. 파티마신협은 신시가지 개발 과정에서 유치한 대형 상가건물 담보 대출을 지역 내 다른 신협 네다섯 곳과 공동 대출로 진행했다. 리스크를 분산하는 한편, 지역 내 다른 소규모 신협들과 상생하겠다는 의도도 있었다. 양춘제 상임이사는 "전북 지역경제 전반에 성장성이 떨어지기 때문에 신협들의 재정 상황이 그리 좋지 않은 편입니다. 리스크가 높은 권역 외 대출보다는 같은 지역 내 우량 대출을 나누는 것이 서로에게 이롭다고 판단했어요"라고 말했다. 권역 외 대출은 영세한 신협에 대안적 수익원이 될 수 있지만, 부실이 나면 위험한 부메랑으로 돌아오기도 한다. 전북의 신협들도 저마다 다른 지역 대형 신협의 실력을 믿고 권역 외 대출에 편승했다가 부실이 나 크게 고생한 경험이 있다. 대형 신협 입장에서는 수많은 대출 가운데 한 건일지 모르시만, 영세한 신협이라면 한 건의 대출이 신협을 존폐 위기로 몰아넣을 수도 있다.

파티마신협도 과거 권역 외 대출을 허술하게 취급했다가 부실이 나는 뼈아픈 경험을 했다. 이를 계기로 권역 외 대출을 최소화하는 한편, 취급하더라도 여신심사위원회를 파견해 직접 담보물을 확인하고 관련 정보를 수집하고 있다.

파산 위기에 놓인 임실의 한울신협을 껴안은 곳도 다름 아닌 파티마신협이었다. 합병한 지점은 현재 철수한 상태지만 신협 경영을 정상화해 조합원의 신뢰를 끝까지 지켜냈다. 임실 지역은 1960년대 벨기에 출신의 지정환 신부가 직접 신협을 만들어 농민 자활을 이끌던 신협운동의 역사가 깃든 곳이다. 임실치즈신협이 농협으로 바뀐 뒤 임실 지역에 유일하게 남아 있던 한울신협은 부실로 파산 위기에 처했다. 대형 조합도 합병을 꺼려할 때 파티마신협이 용단을 내렸다. 파산 예정일을 얼마 앞두고 어렵게 내린 결정이었다. 한울신협은 파티마와 공동유대 지역도 같지 않고 부실 정도가 심해 파티마신협 경영에 부담이 될 것이 불 보듯 뻔했다. 하지만 차마 임실에 남아 있는 조합원을 저버릴 수가 없었다. 특히 임실 신협운동의 모태가 됐던 지정환 신부의 이웃 사랑과 나눔 정신을 지켜야 한다는 의지가 강하게 작용했다.

파티마신협은 임실지점을 입지가 좋은 지역으로 이전하고 파티마 직원을 파견해 업무를 정상화했다. 하지만 공동유대가 중요한 신협에서 전주가 본거지인 직원들이 임실 지역을 관리하는 데는 아무래도 한계가 있었다. 추가적인 자금 유출을 막을 수는 있었지만 신규 대출을 늘리는 등 근본적으로 성장시키는 데는 역부족이었다. 임실지점은 임실 지역 출신 직원과 조합원이 경영해야 마땅했다. 파티마신협은 임실 한울신협의 재분할을 추진했지만 금융감독원의 허가가 떨어지지 않았다. 자산 규모가 영세해 부실 우려가 크다는 이유에서였다. 아쉬운 결정이 아닐 수 없었다.

결국 파티마신협은 2017년 5월 임실지점을 철수했다. 인공호흡기를 대고 현 상태를 유지할 순 있겠지만 자생적인 성장이 불가능하다고 판단했기 때문이다. 다만 임실 지역 조합원이 전주 지점을 이용할 수 있도록 교통비를 지원하는 등 편의를 제공하고 있다.

파티마신협은 선도 조합으로서 현재 경영 개선 대상 조합인 C신협에도 멘토링을 진행하고 있다. 파티마신협은 C신협 직원들과 여수신 업무를 공유하는 한편, 역량 강화를 위해 집단 교육과 워크숍을 공동으로 진행하며 지원을 아끼지 않았다. 그런 노력의 결과, C신협은 어느덧 파티마신협이 성장하던 모습을 점점 닮아가기 시작했다. 나아가 최근에는 대부분의 지표에서 안정적인 경영 상태를 나타내며 선도 신협에 뿌듯함을 안겨주고 있다.

협동조합과 연대해 사회적 경제 육성

사회적, 공동체적 가치를 추구하면서 지역사회 구성원 모두가 잘 살 수는 없을까. '사회적 경제'는 전주파티마 신협이 궁극적으로 꿈꾸는 미래다. 사회적 경제가 완성되려면 금융뿐 아니라 소비재, 의료, 교육 등 다양한 분야에서 협동조합의 성공 모델이 나와야 한다. 파티마신협은 이를 위해 사회적 경제가 발전할 수 있는 마중물 역할을 자처하고 있다.

전주를 중심으로 한 전라북도는 협동조합의 도시라고 해도 과언이 아니다. 3백여 개의 협동조합이 활동하고 있을 뿐 아니라 전국 최초로 전라북도 사회적 경제 분야 유관기관의 협력체인 전북협동사회연대회의가 출범하기도 했다. 파티마신협은 연대회의의 일원으로서 소정의 활동비를 지원하고 있다. 전북 지역에 있는 사회적 기업, 협동조합, 마을기업 같은 자생적 공동체 발전을 후원하는 명목이다.

한편 전주파티마신협은 사회적 기업의 창업 지원에도 적극적이다. 사회적 기업은 재정적으로 열악할 뿐 아니라 재무적 지식

파티마신협은 사회적 경제를 꿈꾸는 이들을 위한 마중물 역할을 마다하지 않는다. 사진은 지역
아동센터와 함께 진행하는 협동경제 멘토링.

과 비즈니스 마인드가 부족한 경우가 많다. 파티마신협은 이들에
게 창업자금을 지원할 뿐 아니라 회계와 재무 교육을 실시하면서
간접적인 지원 사격을 펼치고 있다. 지역에서 협동조합이 성공할
수 있는 사회적 환경을 만드는 데 일조하겠다는 일념에서다. 이
런 지원은 전북 지역의 많은 사회적 기업과 협동조합에 파티마신
협을 알리는 일종의 캠페인 역할을 하기도 한다. 신협이기 때문
에 할 수 있는 사회공헌활동인 셈이다.

　파티마신협은 궁극적으로 신협을 협동조합 및 사회적 기업과

상생하는 메카로 조성하는 목표를 가지고 있다. 중장기적으로 상산지점 1층 건물을 신축해 협동조합 빌딩으로 탈바꿈시켜 주변 일대를 협동조합타운으로 만드는 계획을 갖고 있다. 스페인 바스크 지방의 작은 마을 몬드라곤처럼 도시 전체가 협동조합을 중심으로 경제활동을 펼치는 이상적인 모델을 꿈꾼다. 양춘제 상임이사는 "빌딩에 신협뿐 아니라 생활협동조합, 의료협동조합, 도서관과 운동시설, 각종 사회적 기업을 입주시켜 금융에 다양한 가치를 더한 융복합 협동조합타운을 건설하고 싶습니다"라고 말했다.

지역사회와 융합하는 신협의 정신으로

파티마신협은 신협중앙회 및 아름다운 서당과 손잡고 2016년 전국 신협 최초로 지역 대학생을 대상으로 하는 '신협 영 리더스 아카데미(YLA)'를 열었다. 이 아카데미는 대기업 임원, 금융사와 언론사 간부 등 다양한 분야의 인생 선배들이 자신의 경험과 경륜을 대학생들에게 전파하는 프로그램이다. 양질의 교육 서비스를 제공함으로써 지방대 출신 청년들의 사회 진출을 돕고 지역 인재를 양성하자는 취지다.

파티마신협에서는 이 아카데미를 자칭 '취업사관학교'라고 부

YLA 12기에서 진행한 아름다운서당 개강식. 파티마신협은 지역 인재를 위한 장학사업에 힘을 쏟으면서 신협 정신을 실천할 수 있는 길을 모색하고 있다.

른다. 무료 강좌지만 커리큘럼이 체계적인 데다 철저한 규칙에 따라 엄격하게 진행된다. 아카데미에 입학한 대학생은 52주 동안 매주 토요일 오전 9시부터 오후 6시까지 수업을 듣는다. 인문학, 경제·경영서 리뷰, 기업 케이스 스터디, 현장실습, 봉사활동 등 다양한 프로그램이 마련돼 있다. 한 번이라도 수업에 빠지면 안 될 뿐 아니라 졸업을 위해 100시간 이상의 봉사활동 의무 시간을 준수해야 한다. 강한 의지가 없으면 결코 완수하기 어려운 코스다. 실제로 YLA 12기 32명 중 절반 가까이가 중간에 낙오했다.

하지만 엄격한 조건을 이수한 학생들의 만족도는 높다. 평소 만나기 어려운 대기업 출신 임원 등 유명 인사들로부터 생생한 조언을 들을 수 있기 때문이다. 최근에는 YLA 12기 여학생이 대기업 입사에 성공하기도 했다. 2017년 첫 졸업생을 배출한 이 프로그램이 계속해서 이어질지는 아직 미지수다. 현실적으로 학생 모집도 어려운 상황이고, 재정적 지원과 운영상의 보완점을 마련해야 한다. 파티마신협은 이번 프로그램에 대한 피드백을 바탕으로 장학사업을 보완할 방침이다.

한 가지 확실한 것은 파티마신협이 지속적으로 지역사회에서 신협 정신을 실천할 수 있는 길을 모색한다는 사실이다. 목적지

전주파티마신협의 오늘

전주파티마신협은 1979년 창립 이래 30여 년간 서부시장에 있던 본점을 2009년 전라북도청 신시가지로 이전했다. 현재 본점 외에 서부시장지점, 상산지점, 혁신지점을 운영하고 있다. 전주파티마신협은 선제적인 본점 이전 결정으로 탄탄한 수익 기반을 확보했고, 지역 신협과 연대하며 신협의 인지도를 제고하고 있다.

에 이르는 길은 여러 갈래다. 어떤 길이든 그것이 '지역과 지역 사람들이 잘 살 수 있는' 길이라면 파티마신협은 조금도 주저하지 않을 것이다. 지속적으로 신협 정신을 실천하다 보면 우리 지역이, 나아가 우리 사회가 조금 더 행복해질 수 있을 것이라고 믿는다. 뿌리 깊은 나눔 활동으로 협동사회의 가치를 전파하는 파티마신협은, 성모 마리아가 포르투갈의 작은 마을 파티마에서 그러했듯 오늘도 더 나은 세상을 위해 기도하고 있다.

지역공동체와 연대하다

화려한 꽃이 피어나는 데는 거름이 필요하다. 원주밝음신협은 스스로 꽃이
되기보다는 지역사회가 발전할 수 있도록 거름 역할을 자처해온 조합이다.
'더불어 사는 사회'에 대한 생각을 나누며 지역 내에서 금융기관을 뛰어넘어
협동조합의 구심점 역할을 수행하고 있다. 시대의 변화에 따라 역할을 바꿔온
원주밝음신협은 이제 융합형 협동조합 모델로 미래를 그리고 있다.

1965년 천주교 원주교구 초대 교구장으로 지학순 주교가 부임
했다. 처음 원주에 도착해 그의 눈에 들어온 원주의 모습은 참담
했다. 치열한 전쟁 이후 가난에 시달리는 이들이 넘쳐났다. 그들
은 은행 문턱을 넘을 엄두조차 내지 못했다. 어쩔 수 없이 사채를
쓴 이들은 고리대금에 시달리고, 눈덩이처럼 불어난 빚을 감당하
지 못해 가족과 헤어지거나 야반도주하는 이들이 속출했다. 이에

원주밝음신협은 믿고 잘 살 수 있는 사회를 만들겠다는 염원과 함께 탄생했다. 사진은 원주밝음신협 내부 객장 모습.

지학순 주교는 당시 원주에서 교육가이자 사상가로 활동 중인 무위당 장일순 선생을 찾았다. 두 사람의 목표는 같았다. 지역 농민과 서민의 더 나은 삶을 위해 평화롭고 정의로운 세상을 만들자는 것. 이렇게 대한민국 협동조합의 산실인 원주에 신협의 씨앗이 뿌려졌다.

이후 1971년 소상공인, 직장인, 소시민 33명이 힘을 모았다. 조합원 스스로 고리채를 극복하는 것을 목표로 삼았다. 믿고 잘 살 수 있는 사회를 건설하고 밝은 사회를 만들겠다는 염원을 담은 원주밝음신협은 이렇게 탄생했다.

첫 시작은 열악했다. 임직원들은 보수도 받지 못하는 상황이 었다. 하지만 교육을 통해 신협운동의 필요성이 알려지면서 시민 들의 참여와 호응이 높아졌다. 은행을 이용하기 어려웠던 이들이 신협을 찾았다. 첫해 출자금은 9,900원이었지만, 이듬해에는 자 산 96만 3,180원, 조합원은 335명으로 늘었다. 조합이 성장하자 지역 병원과 협약을 맺어 조합원에게 병원비 일부를 공제해주고 장학회를 구성하는 등 신협운동 전개에도 소홀히 하지 않았다.

원주밝음신협은 또 대한민국 협동조합의 구심점인 원주에서 '마더(Mother)협동조합'으로서의 역할도 성실히 수행하고 있다. 말 그대로 협동조합의 출생과 성장을 돕는 엄마 역할을 자처한 것이다. 원주에 1985년 한살림생협이 탄생할 때도, 2002년에 원 주의료생협이 탄생할 때도 그 뒤에는 원주밝음신협이 있었다. 혼 자 잘 사는 것이 아니라 함께 나누며 성장하겠다는 마음이 바탕 이 됐다. 현재 원주시 중앙로에 위치한 원주밝음신협 건물에도 소비자시민의모임, 의료복지사회적협동조합, 원주여성민우회, 사단법인 무위당사람들, 한살림소비자생활협동조합 등 5개 시민 단체가 입주해 있다. 원주밝음신협에서는 재정이 어려운 이들 단 체에 활동 공간을 제공하고 다양한 활동을 지원하고 있다.

신창선 원주밝음신협 이사장은 "조합 스스로의 발전보다 지역 내 협동조합의 인큐베이팅 역할을 수행하고 있습니다. 지역사회 의 '혈액' 공급을 위해 탄생한 신협이기에 그 초심을 유지하는 것이 중요하다는 생각이지요"라고 말했다.

그렇게 '이웃을 생각하며 더불어 함께 살자'는 협동조합 정신을 충실히 지켜온 원주밝음신협은 어느덧 서민의 마음에 동아줄로 자리 잡았다.

한국의 구급차를 탄생시키다

1980년 12월 통금시간이 지난 새벽 원주 시내에 봉고차 한 대가 나타나 급히 병원으로 향했다. 응급 환자를 태우고 깜깜한 시내를 달리던 이 봉고차는 향후 119구급대의 효시가 됐다.

대한민국에서 구급차의 역사는 원주밝음신협의 기증에서 시작된다. 당시 원주밝음신협에서 구급차로 개조한 봉고차 1대를 원주소방서에 기증한 것이다. 응급 환자들을 신속히 병원으로 이송할 수 있도록 도움을 주기 위해 내린 결정이었다. 당시 소방서 차량만이 유일하게 통금시간에 다닐 수 있었기 때문에 기증 대상으로 소방서를 택했다. 원주 시내 택시가 40대도 안 되는 상황에서 원주밝음신협이 기증한 구급차는 획기적이었다. 구급차는 곧 전국에 알려졌고, 1983년 소방법 개정을 통해 119구급대가 공식 출범하는 계기가 되었다. 이 같은 공로를 인정받아 원주밝음신협은 내무부장관 표창을 수상하기도 했다.

이는 지역 복지를 위해 꾸준히 고민해온 원주밝음신협의 대표 사례로 꼽힌다. 세월이 흘러 사회경제가 복잡해지면서 원주밝음신협은 지역을 위한 조합의 역할 역시 바뀌어야 한다고 판단했다. 단순히 조합원 복리 증진에 한정하지 않고, 지역사회 발전을 위한 사회적 책임을 다하는 것이야말로 진정한 신협운동이라고 생각한 것이다. 이 같은 믿음을 바탕으로 원주밝음신협은 조합원에게만 집중됐던 활동을 지역사회로 확대해나가기 시작했다.

원주밝음신협이 원주소방서에 기증한 구급차.

'원주 어린이날 큰잔치'가 대표적이다. 이 행사는 1989년 어린이날에 조합원 가족을 대상으로 시작됐다. 당시 가정 형편이 어려운 조합원 가족이 어린이날에 갈 곳이 없다는 점에서 기획된 행사는 2001년 원주시가 동참 의사를 밝혀오면서 7개 시민단체 공동의 지역 대표 행사로 자리 잡았다. 원주시는 주최, 원주밝음신협은 공동 주관을 맡았다. 원주밝음신협을 중심으로 한 어린이날 큰잔치 추진위원회는 매년 2월부터 3개월에 걸쳐 행사를 기획한다. 하루 행사에 들어가는 예산은 7천만 원, 참가 단체는 50개를 넘어섰다. 행사 시작 30년이 흐른 지금, 방문하는 어린이 가족들도 7만여 명에 달한다. 이제는 원주뿐 아니라 인근 지역에서도 찾는 원주시 최대 1일 행사이기도 하다. 행사 규모는 확대됐지만 원주밝음신협은 지금도 행사의 첫 취지를 지켜내고 있다. 그런 까닭에 참가 단체의 영리활동은 금지되고, 행사 운영도 학생들의 봉사활동으로 진행된다.

원주밝음신협은 이처럼 다른 단체와 협업을 통해 지역사회에 기여할 수 있는 방법도 꾸준히 모색하고 있다. 사회공헌활동을 체계화하고 지역과 상생하기 위해서다. 이를 위해 지난 2003년 한살림생협, 원주생협, 원주의료생협, 원주자활지원센터, 성공회 원주나눔의집, 남한강삼도생협, 공동육아협동조합 소꿉마당과 함께 원주협동조합운동협의회를 설립했다. 원주밝음신협의 제안

원주 어린이날 큰잔치 모습. 지역 복지를 우선하는 원주밝음신협의 고민은 단순한 영리 추구에만 그치지 않는다.

으로 마련된 이 협의회는 현재 33개 이상의 단체가 참여하는 규모로 확대됐다. 명칭을 사회적협동조합 원주협동사회경제네트워크로 변경한 협의회는 지역 협동조합이 지역민의 실제 삶에 뿌리내리는 데 기여하고 있다.

위기에 더욱 빛난 조합원의 믿음

원주밝음신협은 충성도 높은 조합원에 대한 자부심이 남다르다. 조합이 어려울 때 버텨낼 수 있었던 것도 조합원의 믿음이 있었기 때문이다. 외환위기로 회계 기준이 강화되고 국민 경제가 피폐해지면서 원주밝음신협의 당시 누적 손실액은 26억 원에 이르렀다. 그야말로 생존이 과제였다. 우선 자구책을 세웠다. 46명이었던 직원을 절반 수준으로 줄였다. 사회공헌사업도 축소할 수밖에 없었다. 장학위원회 활동을 잠정 중단하고, 건물 5층에 운영했던 시민 쉼터이자 문화공간인 밝음마당도 운영을 중단했다. 직원들은 밤낮으로 부실 채권 관리에 매달렸다. 그런데도 1999년에는 조합원 배당도 하지 못하는 상황에 이르렀다.

그러나 막상 배당을 못 받게 된 조합원들은 화를 내기보단 인출을 자제하며 조합 경영을 돕기 위해 나섰다. 자기 어려울 때 도움을 준 조합이 지금 어렵다고 출자금을 빼면 되겠느냐며 오히려 출자금을 늘리는 조합원도 있었다. 조합과 조합원 간의 신뢰가 빛을 발하는 순간이었다. 신창선 이사장은 "예금 인출사태가 있었지만 다른 금융기관과 비교해 심각하지 않았습니다. 조합원이 탈퇴를 안 하고 믿고 기다려줘서 조합이 살아날 수 있었던 거죠"라고 당시 상황을 회상했다. 그간 개인의 이익보다 사회적 역할을 중요시하며 보여줬던 원주밝음신협에 조합원이 이해와 애정으로 화답한 것이다.

원주밝음신협이 조합원의 신뢰를 얻을 수 있었던 이유는 명백

하다. 신협이 내세우고 있는 목적 달성을 위해 신협 운영을 충실히 해온 덕분이다. 세계신협협의회에서 명시한 신협 운영 9개 원칙은 다음과 같다.

1. 가입·탈퇴 자유의 원칙

2. 민주적 관리의 원칙

3. 인종, 종교 및 정치적 평등의 원칙

4. 조합원에 대한 서비스 제공의 원칙

5. 조합원을 위한 잉여금 배분의 원칙

6. 재무구조 안정의 원칙

7. 계속 교육의 원칙

8. 협동조합 간 협동의 원칙

9. 사회적 책임의 원칙

원주밝음신협은 9개 원칙을 토대로 민주적 조직 구조와 조합원에 대한 서비스, 사회적 책임 등 어느 것 하나 소홀하지 않고 주요 과제로 수행해왔다. 조합원의 믿음에 힘을 얻은 원주밝음신협은 2005년을 기점으로 누적손실을 털어내고 2006년부터 다시 배당을 시작할 수 있었다.

고비를 넘긴 원주밝음신협은 내실 다지기의 중요성에 대한 교훈을 얻었다. 또 조합의 경영이 잘 돼야 지역사회와 더불어 사는 조합의 근본정신을 지킬 수 있다는 점도 배웠다. 이후 무수익 자산 매각과 지점 추가 개설을 통해 재무구조를 튼튼히 하며 제2의 도약기를 맞이했다.

고령화 시대, 새로운 도전을 꿈꾸다

그동안 원주에서 든든한 조언자로 자리매김한 원주밝음신협은 새로운 길을 모색하고 있다. 사회복지법인 설립이 그것이다. 원주밝음신협이 시대의 필요에 따라 역할을 설정하고 노력해온 만큼, 이제는 고령화 시대를 맞아 준비해야 한다는 판단에서다.

일본 치바현에서 생활클럽생협이 기반이 돼 운영하는 '바람의 마을'을 롤모델로 삼았다. 처음 노인복지시설 운영에서 시작한 이 사회복지법인은 이제 중증 장애인센터부터 어린이집까지 운영한다. 핵심은 '인간 존중' 사상을 기반으로 운영되고 있다는 점이다. 일방적으로 서비스를 제공하는 것이 아니라, 시설에 입소해 임종할 때까지 이용자가 자존감을 갖고 살 수 있도록 돕는 역할을 맡는다. 사업의 시작부터가 수익 창출이 목표가 아니었다는 부분이 원주밝음신협이 추구하는 방향과 일맥상통한다.

2016년과 2017년 3차에 걸쳐 원주밝음신협은 바람의 마을 연수단을 꾸렸다. 직접 연수단장으로 바람의 마을을 방문한 신창선 이사장은 원주밝음신협이 가야 할 길을 이곳에서 찾았다. 신협의 경계를 넘은 사업 영역 확장과 사업 모델 다양화가 반드시 필요한 시점이었다. 동시에 자본 논리가 아닌 협동 논리에 의한 경쟁력과 상생 기반을 구축하려는 목적과도 들어맞았다.

사회복지법인 설립에 대한 조합원 및 지역의 이해를 구하기 위해 2017년 11월 원주밝음신협은 '고령화 시대 원주밝음신협의 사회복지적 대응'이라는 주제로 토론회를 개최했다. 원주에 거주하는 65세 이상 인구는 2016년 말 현재 4만 2,246명으로, 고령화율은 12.5퍼센트에 달한다. 지역사회가 고령화 문제에 관심이 많다 보니, 이날 토론회에도 지역민들이 다수 참가했다.

이 자리에선 지역을 위한 사회복지법인을 어떻게 운영해야 하

원주밝음신협의 오늘 •─────────────

1971년 설립된 원주밝음신협은 본점 외에 단관지점과 무실지점, 그리고 혁신지점을 운영하고 있다. 어려운 시기에 빛이 되어준 조합원과의 신뢰를 저버리지 않고 신협 정신에 비추어 시대에 맞는 역할론으로 지역사회에 기여하는 중이다.

는지에 대해 논의가 이뤄졌다. 우선 원주밝음신협은 협동조합 정신을 기본으로 사회복지 서비스와의 융합을 추진한다는 계획을 세웠다. 원주 내 생협, 의료생협, 노인생협과 공동으로 사회복지 종합센터를 설립하는 방식이다. 조만간 원주밝음신협은 지역 내 단체와 사회복지위원회를 설립해 중장기적으로 이 사업을 이끌어갈 예정이다.

한 시대에 조합원과 사회가 절실하게 필요로 하는 것을 해결하기 위한 노력이 결국 협동조합의 시작일지 모른다. 10년 후 사회복지법인을 통해 실질적이고 지속성 있는 사회공헌활동을 이어나갈 원주밝음신협의 모습이 기대되는 이유다.

"조합은 조합원이 주인이라는 것, 관리하는 직원이 주인이 아니라는 것, 조합원을 살려야 조합과 네가 산다는 것을 기억해야 한다. 그렇게 하자면 스스로를 낮추고 조합원을 높이는 데 길이 있을 거야. 직원의 할 일은 조합원이 잘 살게끔 힘써 일하는 것이다. 이 관계를 잊는 데서 모든 문제가 일어난다."

과거 안광호 전 묵호신협 이사장이 무위당 장일순 선생을 찾아 조합 운영의 어려움을 토로하자 내놓은 말이다. 원주밝음신협의 역사에서 빼놓을 수 없는 인물이 장일순 선생이다. 장일순 선생은 원주에서 교육가이자 정치가이자 농부이자 서예가로 기억된다. 원주에서 1928년 출생한 그는 고향의 가난한 이들을 돕겠다는 일념으로 원주에서 일생을 보냈다.

장일순 선생이 신협운동에 애정을 갖게 된 계기는 지학순 주교와의 만남이다. 이후 장일순 선생은 원주가톨릭센터에 협동조합 강좌를 열고 강원도 일대의 농촌과 어촌, 광산촌을 살리기 위한 신협운동을 펴기 시작한다. 선생은 지학순 주교가 일러준 협동조합으로 가난을 극복해보고자 했다. 그가 지학순 주교와 함께 원주에 신협의 뿌리를 내린 선구자로 인정받는 이유다.

무위당 장일순 선생과 그의 서예작품.

'조 한 알에도 우주가 있다'고 믿었던 장일순 선생은 인간과 자연의 조화로운 공존과 공생을 중시했다. 그가 추구했던 생명사상이란 돈을 벌어 잘 사는 것이 아니라 사람이 조화롭게 공존할 수 있는 삶이다. 장일순 선생의 협동조합 정신과 생명사상을 근간으로 한 시민운동의 흔적은 지금도 원주 곳곳에 남아 있다. 독일과 일본 등 해외 비정부단체나 비영리단체가 협동조합 간 협동의 원칙과 시민운동의 발전을 탐색하기 위해 종종 원주를 찾는 이유도 여기에 있다.

한국 정치사의 암흑기엔 원주에서 시민운동의 싹이 텄고, 한살림으로 대표되는 생명 운동을 비롯해 많은 형태의 운동이 원주에서 시작됐다. 그리고 그 중심에는 언제나 장일순 선생과 원주밝음신협이 자리 잡고 있었다. 이 때문에 지금도 사람들은 장일순 선생을 '생각으로 사람의 마음을 움직이고 마침내 사회를 변화시켰던 운동가'로 기억한다.

제 3 장

가치 추구로 지속 가능한 조합을 완성하다

협동공동체로 가는 길

협동공동체가 꼭 먼 나라 얘기만은 아니다. 주민신협은 성남에서 행복한
협동공동체 마을을 만들어가고 있다. 주민신협의 건물인 '행복빌딩'에 들어오는
사회적 기업과 협동조합의 경우 첫해 임대료는 무료이고, 그다음 해부터는 낼 수 있는
만큼 임대료를 내면 된다. 주민신협은 사회적 기업과 협동조합을 키우는
인큐베이터 역할을 톡톡히 실천하고 있다. 해마다 행복빌딩에 들어오고 싶어 하는
사회적 기업과 협동조합으로 문전성시를 이룬다.

1979년 주민교회를 중심으로 47인의 교인이 '주민교회신협'을
만들었다. 출자금 4만 7,800원. 조합원이 천 원씩 출자한 액수였
다. 당시의 천 원은 현재의 화폐가치로 치면 만 원 정도. 지금이
나 그때나 결코 큰돈은 아니지만 가난한 교인들에게는 맘을 먹어
야 낼 수 있는 돈이다. 그런 소중한 마음이 모여 주민교회신협이
만들어졌고, 교인들의 활동은 점차 교인들만이 아닌 지역으로 한

걸음 더 나아갔다. 지역 사람들과 함께하는 경제 운동이야말로 진정한 사회공동체이자 협동조합의 정신이다. 이를 위해 주민교회신협은 '주민신협'이라는 이름으로 바뀌어 성남시에 자리를 잡게 된다.

행복빌딩에 깃든 협동공동체

주민신협은 태평동 본점으로 시작해 수진지점과 신흥지점, 한살림수내지점 세 곳의 분점을 둘 정도로 성장했다. 태평동에 위치한 주민신협 본점은 5층 건물이다. 소유주는 주민신협이고 입주 업체들은 다양한 협동조합이다. 다른 곳에서 힘들게 운영하고 있는 협동조합을 모아서 이곳에 입주시킨 것인데, 세를 받기 위한 목적이라기보다는 인큐베이터에 더 가깝다. 행복빌딩은 주변에서 협동조합빌딩이라고 불린다. 의료생활협동조합, 초록사과인형극단, 바리스타협동조합, 나는카페, 태평동락협동조합 등 다양한 성격의 사회적 경제조직이 한곳에 모여 있다.

건물 1층 로비에는 얼핏 보기에는 평범한 카페가 하나 있다. '나는카페'다. 여름이면 더운 날씨를 피해 시원한 카페를 찾아온 동네 주민으로 카페 안이 북적인다. 겉모습만 봐서는 동네에 하나씩 있는 여느 카페와 별반 다르지 않다. 그런데 카페를 조금만 자세하게 살펴보면 일반적인 카페와는 조금 차이가 있다.

바리스타들의 대부분이 발달장애인들인 나는카페에서는 장애인 3명과 조합원 1명이 함께 일하고 있다. 발달장애인들에게 일자리를 제공해서 자립을 도와주는 사회적 기업에서 이 카페를 운영하고 있다.

나는카페 매니저인 이은희 씨는 "장애인이라 익숙하지 않아서 그런지, 처음에는 자기감정을 억제하기 어려워했어요. 별일 아닌데 화를 내고, 기분이 나쁠 때면 말도 안 하곤 했죠. 하지만 가르치기만 하면 감정 조절도 할 수 있어요. 이제는 손님들하고 웃으며 인사도 하고 장난도 치며 사회생활을 할 수 있게 되었어요"라고 말했다.

주민신협은 나는카페의 홍보 효과를 톡톡히 누리고 있다. 긍정적 이미지와 신뢰도 향상으로 더 많은 고객이 신협을 이용하는 계기가 되었다. 주민신협 조합원은 금융 업무를 보고 지인을 만나기 위한 만남의 장소로 이 카페를 활용한다. 공존·상생을 부르는 메커니즘인 셈이다.

사실 주민신협이 이곳으로 본점을 이전했을 때 이 공간을 어떻게 활용해야 할지를 두고 고민이 많았다. 월 4백만 원씩 발생하는 건물 정면의 임대 공간을 본점 입구로만 사용하는 것은 아까

나는카페에서 열린 장학금 기부 행사. 주민신협은 지역민과 함께하는 경제 운동이 바로 진정한 협동조합의 정신이라고 믿는다.

웠다. 또 큰 건물 상가인데도 평일 4시 30분이면 셔터가 내려가니 상가가 죽어 있는 느낌을 주었다. 이는 주변 상가에도 결코 긍정적이지 않았다.

이런저런 고민 끝에 주민신협은 사회적 기업으로 운영되는 나는카페를 만나게 되었고 이곳에 8호점을 오픈하자고 제의했다. 공간과 기본 인테리어는 신협에서 제공하고, 운영과 관련된 직원과 영업에 필요한 기타 집기와 재료 수급은 나는카페에서 맡았다. 나는카페의 이익금 일부는 장학금으로 전달된다. 주민신협과

나는카페는 영업 이익금의 30퍼센트에 해당하는 금액을 지역사회 학생들에게 장학금으로 기부한다는 조건으로 5년 임대료 무료 계약을 맺었다.

행복빌딩 5층에 올라가도 고소한 커피 향이 폴폴 풍긴다. 성남 바리스타협동조합이 이 공간에 자리를 잡고 있어서다. 2016년 5월 태평동락협동조합의 부대사업으로 만든 커피 이론 및 실습 등을 위한 바리스타 양성소다. 이곳에서는 지역 소외계층 자립을 위한 바리스타 자격취득 강좌가 진행 중이다. 평소 커피에 관심이 많던 취업준비생이나 주부 등을 위한 다양한 강좌 수강 기회도 열려 있다. 주민신협은 공간을 무상 임대하고 협동조합 창립에 필요한 사무 지원도 해주었다.

마지막 계단을 올라 행복빌딩 옥상으로 나가면 푸른 잔디가 깔린 풋살장이 펼쳐져 있다. 사회적 기업 크풋에서 약 5천만 원을 투자해 이곳에 옥상달빛 풋살장을 만들었다. 크풋은 스포츠를 통해 취약한 청소년들에게 꿈을 심어주는 회사다. 주민신협은 이를 위해 옥상에 무질서하게 놓인 에어컨 실외기와 각종 물품을 한쪽으로 정리하고 시설비 3천만 원을 지원했다. 이곳은 현재 체육시설뿐 아니라 문화공연장으로도 활용되고 있다.

직접 한다, 사회공헌활동

과거 성남 지역은 강제 철거 이주 노동자들이 많았던 곳이라 거주 여건이 매우 열악했다. 그렇기 때문에 신협운동이 일찌감치 시작되었고, 지금까지도 사회공헌활동이 끊이지 않고 있다. 그래서일까. 주민신협은 신협 본연의 업무인 금융사업 이외에도 조합원 및 지역사회 발전을 위해 다양한 복지사업을 펼치고 있다. 장애인·청소년·시니어 등 취약계층 복지를 증진하고 지역 내 주민이 자발적으로 조직한 협동조합도 지원한다. 주민신협은 전국 9백여 개의 조합 가운데서도 조합원을 위한 복지사업을 가장 활발하게 펼치고 있는 곳으로 이름이 나 있다.

"주민신협이 자리 잡고 있는 성남에서 신협운동이 시작된 것은 1970년대부터였어요. 그때는 성남이 정말 열악했어요. 하루 벌어서 하루 먹고 사는 사람들이 대부분이었죠. 제대로 된 집도 없어서 대부분 판잣집에서 살던 시절이거든요. 교육도 의료도 생각할 수조차 없었죠. 기독교 운동이나 공동체 운동으로 사람들의 살림살이를 좀 더 윤택하게 할 수 있을까 해서 신협운동이 시작된 거죠."

현재 주민신협이 벌이는 사회공헌활동으로는 청소년 해바라기 봉사단을 꼽을 수 있다. 청소년 해바라기 봉사단은 성남시에 거

독거노인들에게 반찬 배달 봉사를 하는 청소년 해바라기 봉사단의 모습. 주민신협은 전국적으로 조합원을 위한 복지사업을 가장 활발히 하고 있는 곳으로 손꼽힌다.

주하는 청소년들로 구성되어 있으며, 매주 독거노인들에게 무료로 반찬을 배달하는 봉사를 한다. 이때 배달되는 반찬은 주민신협 조합원이 운영하는 강원반찬, 진수성찬, 자매전집, 밥플러스 협동조합, 강경젓갈, 성광떡집, 장수과일, 초당두부의 기부를 통해 이뤄진다.

주민신협이 운영하는 성남주민생활관에서도 많은 행사가 치러진다. 실버댄스, 노래 교실, 요가 같은 생활 체육이 이루어지기도 하고 여행도 함께 간다. 버스는 주민신협에서 준비하고 여행 경비는 개인이 부담한다. 두 달에 한 번씩 등산도 가고 등산이 힘든 조합원을 위해 온천이나 둘레길을 함께 걷기도 한다. 조합원은 함께 친분을 쌓아서 좋고, 이렇게 쌓인 친분은 자연스레 신협에 대한 믿음으로 돌아간다. 서로가 주최자이고 참가자인 조합원은 스스로 회장을 뽑고 총무를 뽑아 회비를 걷고 강사비를 지급하거나 필요한 물품을 구비한다. 강요하지 않아도 자체적으로 운영되는 공동체인 셈이다.

이밖에도 주민신협은 지난 2001년부터 숯골 한가위 축제와 단오마을 축제를 진행한 바 있다. 단오마을 축제는 매년 1천여 명이 넘는 시민들이 함께했고 이제는 성남시가 주관하는 대표 지역 축제로 자리 잡았다. 아울러 2011년에는 놀토에 가족과 함께 이웃사랑 가족사랑 탄천 걷기대회를 열었다. 걸으면서 기부도 하는 이 색다른 축제는 조합원은 물론 지역 주민이 함께 모인 가운데 치러져 큰 호응을 얻은 바 있다.

조합원도 한다, 사회공헌활동

조합이 사회공헌활동에 적극 나서니 조합원도 자연스레 따라 움직인다. 꾸준한 저축 습관을 통해 나눔의 정신을 실천 중인 사회복지사 이강일 조합원이 대표적이다. 이강일 조합원은 그간의 공로를 인정받아 2017년 10월 말 금융위원회가 주최하는 '제2회 금융의 날'에서 국민포장을 수상했다.

이강일 조합원은 1979년 주민신용협동조합 창립 때부터 줄곧 신협과 함께했다. 당시 주민신협은 가난한 교인들을 돕는 데 사업의 주안점을 두었다. 서울에서 쫓겨난 철거민들이 월세를 내지 못하는 지경에 이르자 아예 전세금을 빌려주었다. 월세를 한 푼이라도 더 아껴 자녀 교육비와 생활비로 쓰라는 취지였다. 이강일 조합원은 이런 취지에 동참했고, 창립 발기인 중 한 명으로 설립 과정부터 함께 힘써왔다.

이강일 조합원은 당시 스무 살의 젊은 나이부터 저축의 중요성을 깨달았다. 신협이 자리 잡을 수 있도록 주변 사람들에게 적극 권장하면서 저축 홍보를 함께했다. 금융위기 및 타 금융기관의 파산 사태에도 흔들리지 않고 신협과 꾸준히 거래했다.

이강일 조합원은 평생 신협운동뿐 아니라 노숙인 및 저소득층의 자활과 사회 복귀를 위해서도 노력했다. 사회복지사인 그의 직업정신이 발휘된 것이다. 1999년에 그는 노숙인 쉼터인 '성남 내일을 여는 집'에 입사했다. 외환위기로 인해 많은 사람들이 거리로 나와 생활할 때, 노숙인 및 저소득층을 위한 서비스에 적극 뛰어들었다. 노숙인에 대한 거리 상담을 주 2회씩 총 625회 실시

조합원 체험여행 활동 모습. 조합원들이 쌓은 친분은, 곧바로 주민신협에 대한 믿음으로 돌아간다.

하면서 55명을 쉼터에 입소시켰고, 주민등록 말소자 16명과 건강보험 상실자 22명의 자격을 복원해 노숙인 구제에도 실질적으로 기여했다. 그의 직업정신은 신협과 함께 좋은 시너지를 일으켰다. 채무조정을 통해 노숙인 17명의 신용 등급을 높인 것이다.

평생 가는 지역공동체를 꿈꾼다

한 아이가 태어난다. 아이가 태어나면 아이의 탄생을 기뻐하는 마음을 담아 주민신협에서 출산 축하금을 지원한다. 아이는 잘 사라 학교에 간다. 점심시간이 되면 엄마들공동체가 만든 맛나고 깔끔한 영양식으로 점심을 해결하고, 공부를 하고 싶은 의지가 있다면 장학금을 받고 원하는 학교에 갈 수 있다. 돈이 없다는 이유로 아픔을 참을 필요는 없다. 동네에 있는 의료생협에 가서 저렴한 비용으로 치료를 받고, 결혼을 할 때쯤 행복빌딩 5층에 있는 야외 결혼식장에서 결혼식을 올린다. 아이가 생기고 집 장만을 할 때는 주민신협에서 부족한 자금을 대출받고 천천히 갚아나가면 된다.

태어났을 때부터 죽을 때까지 평생 곁에 있어주는 지역공동체. 이것이 바로 주민신협이 꿈꾸는 공동체의 모습이다. 지역공동체의 중심에 서서 이제 시작하는 이들의 손을 잡아줄 것이다. 밀어줄 것이고, 같은 곳을 바라보며, 같이 걸어갈 것이다.

평생 지역공동체가 유지되기 위한 가장 중요한 조건은 무엇보다 교육이다. 주민신협은 인근 초등학교와 1사1교 협약을 맺고 금융교육을 하고 있으며, 원데이(one-day) 진로체험 협약 기업으로 등록되어 청소년 진로교육도 담당한다. 2013년 개관한 성남시 작은 도서관에서는 청소년과 아이들의 교육을 담당한다. 어린이장터행사를 통해 협동조합이 무엇인지 알려주고, '아주 즐거운 주말학교'에서 사회적 기업에 대해 집중적으로 가르친다. 청소년

복합협동조합을 꿈꾸는 주민신협의 다양한 사회공헌활동은 지역공동체가 매끄럽게 협력하는
데 좋은 윤활유가 되어준다.

자립 가게 등 직접 사회적 기업을 만들어보는 활동도 있다.

　물론 지역공동체가 잘 굴러가기 위해서는 윤활유와 같은 신협
의 금융 지원이 필수적이다. 주민신협은 성남시협동조합협의회
를 비롯한 사회적 경제 네트워크에서 가장 활발한 활동을 하고
있다. 주민신협의 한살림수내지점에 사무실을 차린 한살림조합
과의 연대협력을 통해 상호 수수료 수익을 발생시키는 사례가 대
표적이다. 한살림조합은 주민신협과 연대하여 카드 수수료를 절
감하는 방안을 모색하며, 주민신협은 한살림의 계좌이동운동을

벌이고 있다.

또 수민신협은 협동조합 전용 플랫폼을 세워 협동조합에 대한 금융 지원을 아끼지 않고 있다. 이는 신협의 협동조합 운영 노하우를 바탕으로 한 '협동조합 운영지원 사업'의 일환이다. 협동조합 전용 플랫폼에서 사회적 경제 기업이나 협동조합의 회계 프로그램 등을 지원한다. 이를 통해 그들 스스로 경영 흐름과 성과를 파악하고 사업계획을 수립할 수 있다. 주민신협도 중장기적으로 협동조합 계좌 유치를 통해 주거래 조합원을 확보하고 협동조합 간 네트워크를 구축해 신사업을 도모할 수 있다.

주민신협은 매년 출자 배당금의 1퍼센트를 떼어서 성남사회적경제네트워크 협동기금을 조성했다. 100년 동안 배당금을 기금으로 적립해온 네덜란드 라보협동조합은행이 모델이다. 성남의 120여 개 사회적 기업, 마을기업, 협동조합들이 이 기금을 모색하고 있다. 협동기금은 다시 신협의 수익으로 돌아와 신협 성장에 기여할 것이다. 해마다 사회적 배당도 실시하고 있다. 배당은 조합원에게 직접 할당되는 금융적인 부분과 조합원의 복지와 관련된 부분으로 나뉜다. 예를 들어 2014년 조합원 배당률은 직접 배당 3.3퍼센트, 사회적 배당 0.91퍼센트를 합해 실배당 4.21퍼센트에 이른다. 조합원을 위한 편의시설 제공이나 문화사업 이용은 복지배당이다.

주민신협은 아직 전국 최대 규모는 아니지만 건실한 재무구조를 갖고 있는 만큼 향후 지속적인 성장 동력을 확보하기 위해 지역사회와의 동반 성장을 착착 실행하는 중이다. 출발 당시부터 주민신협은 스페인 몬드라곤 협동조합의 모습을 머릿속에 그렸다. 생산, 금융, 유통, 복지 등이 한데 어우러진 복합협동조합은 이제 먼 미래의 청사진만은 아닐 것이다.

주민신협의 오늘

1979년 설립된 주민신협은 본점 외에 한살림수내지점, 신흥지점, 수진지점을 운영하고 있다. 사회적 기업과 협동조합을 위한 인큐베이터 역할을 자처하며 지역 공동체로서 사회공헌활동에 힘쓰고 있다.

오직 신협다움을 고민한다

여기 신용협동조합의 정체성을 가장 잘 살리고 있는 조합이 있다. 바로 동작신협이다.
동작신협은 지역의 협동조합 생태계를 구축하고 키워나가고 있다. 금융협동조합인
신협만이 할 수 있는 일이 무엇일지 끊임없이 고민한다. 그 고민의 결과로 사회적 금융을
선도적으로 실천하고 있다. 동작신협의 시도는 금융의 옷을 입은 사회운동이라 하겠다.

동작신협은 지금은 공동유대가 확대되어 있지만 과거에는 노량진신협이라는 이름으로 운영되었고, 노량진수산시장 상인들이 대부분의 조합원이었다. 1981년 7월, 15명의 발기인이 노량진수산시장 상인들의 사회적, 경제적 자립을 돕겠다는 뜻으로 설립한 노량진수산시장신용협동조합. 경영 악화로 중앙회 지원도 받고, 재창립이라는 흔치 않은 경험을 하며 조합 명칭도 두 번이나 바

꿔었지만 35년이 지난 지금 조합원 약 1만 3천 명, 자산 2,700억 원이라는 놀라운 성장을 이뤄냈다.

동작신협의 시작, 노량진신협

1992년 12월 1일 노량진신협에 임정빈 현 이사장이 관선이사로 파견됐다. 새롭게 파견된 관선이사와 함께 노량진신협은 제대로 형태를 갖추고 출발했다. 노량진신협이 뿌리를 내릴 수 있는 유일한 방법은 노량진수산시장 상인들의 일상으로 좀 더 가까이 다가가는 것이었다. 수산시장 상인들은 크게는 도매업자와 소매업자로 나뉘고, 소매업자는 고급 활어와 대중 생선을 다루는 상인, 조개류와 냉동 어류를 다루는 상인으로 분류된다.

노량진신협은 시장 상인들에게 한 걸음 더 다가가기 위한 전략을 세웠다. 상인들은 정기적인 종합건강검진이 필요한 상황이었다. 밤낮이 바뀐 삶인 데다 시장이 늘 습하고 어수선하기 때문이다. 업종 특성상 상인들은 늘 술을 가까이했다. 이러다 보니 상인들의 건강 상태는 좋지 않았다.

노량진신협은 진단방사선과가 있는 병원과 30퍼센트 할인 계약을 맺었다. 종합검진을 원하는 상인에겐 신협이 먼저 비용을 지불했다. 그 결과 상인 150여 명이 종합검진 혜택을 받았다. 이 검진 덕분에 치명적인 질병을 조기 발견한 사람도 있었다.

시장 상인들에게 가까이 다가가기 위한 방법은 이후 다각도로 연구되었다. '노량진신협의 집'이라는 스티커 붙이기 활동도 홍보했는데, 이 스티커가 붙어 있는 곳은 저울을 속이거나 질 낮은 수산물은 절대 내놓지 않겠다는 선언 같은 것이었다. 하지만 결과적으로 이 운동은 실패했다. 조합원 대부분이 이 스티커 붙이기를 꺼려했다. 수산물 특성상 때로는 질 낮은 상품을 내놓을 수밖에 없는 상황이 부지기수라는 게 이유였다. 그러나 거짓말을 하지 않겠다는 측면에서 보자면 상인들에게 양심이 살아 있다는 반증이기도 했다.

수산시장은 일반 시장과 달리 고액 거래가 빈번했다. 그러다 보니 현금보다 수표 거래가 많았다. 그런데 바쁜 상황에서 수표를 받다 보니 나중에 확인하면 부도 수표인 경우가 종종 있었다. 조합원 사정을 감안하면, 문제가 있는 수표가 신협으로 들어온다고 해서 무조건 폐기할 수는 없는 노릇이었다. 이럴 경우 신협이 적극 나서서 서로 피해를 줄일 수 있는 합리적인 방안을 사안별로 조절했다.

그 밖에도 신협은 시장 상인들의 이웃사촌이 되고자 다양한 노력을 기울였다. 그 결과 조합원과의 관계가 더욱 긴밀해졌고, 어느덧 '소금'을 나누듯 '협동조합'의 가치를 전파하는 이웃 같은 신협으로 거듭났다.

협동조합과의 연대로 '신협다움'을 실천한다

동작신협의 주요 활동으로 동작구협동조합협의회와의 협력을 빼놓을 수 없다. 동작구협동조합협의회는 동작구의 협동조합 생태계 구축을 위해 출범한 협의체다. 동작신협 임직원은 창단 멤버로 협의체를 운영하고 있다. 여기서 동작신협은 다양한 협동조합과의 연대협력에 적극 나서서 사회적 경제에서 신협의 역할을 확장하고 있다.

예를 들면 국사봉중학교협동조합에 매점 시설을 지원하고, 사회적 경제조직에는 저리자금 및 계좌 수수료로 우대한다. 또 동작신협 임직원이 직접 타 협동조합의 임원으로 참여하기도 한다.

동작신협은 동작구를 넘어 서울 지역 사회적 경제와의 연대와 상생을 도모하고 있다. 대표적으로 서울시와 협약을 통해 추진하고 있는 사회적 경제조직 융자사업 운용, 서울의 심각한 주거문제 해결에 기여하기 위한 사회적 금융상품 취급, 환경문제에 기여하는 녹색금융 시범사업인 미니태양광발전소 무이자할부프로

동작신협은 협동조합 대출 지원 등으로 신협의 역할을 더욱 확장하고 있다. 사진은 동작신협의 대출 지원을 받은 공기핸디크래프트(좌)와 청년지갑트레이닝센터(우).

그램 개발 등이 있다.

　이 같은 활동이 신협에 미치는 영향은 크다. 우선 상대적으로 취약한 20~40대 청장년 조합원을 증대할 좋은 계기가 된다. 대부분의 사회적 기업이나 협동조합이 청장년에 의해 운영되고 있기 때문이다. 또한 협동조합법인 결제계좌를 확보해 거래처를 확대하고, 공동육아 어린이집과 사회주택 담보대출 등 장기적이고 안정적인 대출 고객도 확보할 수 있다.

　이뿐 아니다. 민간 주도 금융협동조합으로서 지역사회가 신협에 대해 가지는 관심과 기대를 높일 수 있다. 또한 서울시나 동작구 등 지자체와의 정책 파트너십을 통해 공신력을 확보하고, 협동조합과 협력해 새로운 상품을 만드는 등 새로운 활동 동력을 창출할 수 있다.

앞으로도 동작신협은 지역사회와 함께 성장하는 사회적 금융 선도기관으로 협동조합 간 연대협력사업을 지속적으로 실천할 계획이다. 그 일환으로 향후 본점 회관 재건축을 통해 확보되는 공간을 협동조합 복합공간으로 개발해 신협과 협동조합 간 연대협력의 상징으로 활용할 예정이다.

청년의 꿈을 응원한다

동작신협 청년위원회 또한 사회적 경제를 실천하려는 동작신협의 고민이 담긴 결과물이다. 동작신협 청년위원회는 2016년 봄, 뜻 맞는 청년들이 모인 작은 모임에서 시작됐다. 지역 청년 조합원을 대상으로 이들이 주체가 되어 청년 조합원을 위한 재무 강좌 등 신협 행사를 기획하고 사회적 금융 스터디를 운영했다. 우수 협동조합도 함께 탐방하고 공동 워크숍도 진행했다. 금융협동조합에 맞는 조합원 참여 모델을 실험하는 셈이다.

새로운 신협 모델을 고민하는 동작신협의 청년위원회. 2016년 작은 모임으로 시작된 청년위원회가 그리는 비전은 결코 작지 않다.

청년위원회는 월 1회 정기모임을 갖고 사회적 금융에 관해 공부하며 해외 우수 사례를 학습한다. 지난번 충남 홍성으로 다녀온 워크숍에서는 풀무학교 홍순명 교장선생님에게 홍동마을 협동조합공동체의 살아 있는 역사를 배웠다.

활동을 시작한 지 이제 만 2년 남짓인 신협 청년위원회는 매월 빠지지 않고 정기모임을 꾸려나가는 것만으로도 아직 힘에 부친 것이 사실이다. 청년들을 위한 자체 행사 기획을 넘어서, 타 협동조합과는 다른 금융협동조합만의 조합원 참여 구조를 어떻게 만들지도 고민이다. 그래서 사회적 금융 대출심사에 조합원이 참여하는 이탈리아의 방카에티카, 지점마다 조합원이 참여하는 지역개발위원회를 구성하는 캐나다의 신협 밴시티 등 궁금한 해외 사례가 많다. 협동조합의 조합원제도를 금융협동조합이라는 특성에 걸맞게, 더 나아가서는 사회적 금융이라는 새로운 비전에 어떻게 접목할 수 있을지 토론했다.

청년위원회의 중심인 주세운 과장은 이제 시작 단계일 뿐이지만 충분한 의미가 있다고 확신한다. "아직은 청년위원회가 가야할 길이 멀지만 일단은 즐겁게 꿈꿔보려 해요. 결국 일상에서 잠깐이라도 청년들이 협동조합이라는 경험을 향유하는 '일상의 민주주의'에 의의가 있으니까요."

사회적 금융의 기준을 만든다

동작신협의 상품 중 가장 눈에 띄는 것이 있다. 바로 사회적 경제를 지원하는 사회적 금융 대출 상품이다. 서울에서 사회적 경제를 위해 자금을 지원하는 거점 신협이 동작신협을 포함해 총세 군데 있다. 동작신협은 협동조합과 사회적 기업을 대상으로 저리로 자금을 지원하는데, 지금까지 69곳에 대출을 해주었다. 기존 금융업 전체와 비교해보아도 신협이 하고 있는 역할은 결코 작지 않다.

기존 금융 시스템에서 협동조합과 사회적 기업을 평가하는 기준은 아직 정해져 있지 않다. 일반 법인은 대출을 받으려면 재무제표가 좋아야 하고 담보를 제공해줘야 한다. 그런데 사실 그럴 수 있는 사회적 기업이나 협동조합이 거의 없다. 기존 시스템의 규정을 적용하면 대출이 나갈 수 없는 구조다. 하지만 동작신협은 그럼에도 사회적 경제를 지원하겠다는 처음의 다짐을 잃지 않는다.

금융은 평가 시스템과 기준이 필요한데, 이를 위해서는 어느 정도 정보가 쌓여야 한다. 현재까지 사회적 금융은 초창기이기 때문에 정보가 쌓이지 못했다. 동작신협은 지금도 크고 작은 시행착오를 겪으면서 사회적 경제의 대출 요건을 만들어나가고 있다. 무엇보다 평가 시스템과 척도보다는 협동조합에 대한 깊이 있는 이해가 필요하다. 무늬만 협동조합인 곳이 있고, 지원금으로만 운영되는 곳이 있고, 실제로 조합원이 자발적으로 운영하려는 협동조합이 있다.

협동조합과 사회적 기업이 수익을 내는 것은 쉽지 않은 일이다. 그래서 장기적인 관점에서 초기에 손해를 보면서도 버티는 시간이 필요하다. 제일 중요한 것은 대표자의 이력이나 의지다. 그런 다음 협동조합의 정의에 맞게 최소 다섯 명 이상이 협동조합의 가치와 정의를 공유하면서 활동하고 있느냐를 살피고, 다시 수익적인 면을 따진다. 수익은 이차적 문제다. 아직은 초창기라 지속 가능해 보이고 필요해 보이는 기업이라고 판단되면 리스크를 감수하고서라도 대출이 나가지만, 이를 결정하는 것은 여전히 어렵다.

특히 2012년에 협동조합기본법이 제정된 이후, 신협은 사회적 역할에 대해 심도 있게 고민했다. 2012년 이전 신협이 금융기관이면서 협동조합이라는 생각으로 활동했다면, 그 후 신협은 사회적 경제 영역 안에서의 금융기관으로서 자기 자리를 찾기 시작했다. 신협 내부에서도 금융협동조합으로서 신협의 역할에 대해 많은 고민을 하고 있다. 동작신협처럼 대출상품을 직접 만들어서 대출을 실행하기도 한다.

'소금'을 나누듯 협동조합의 '가치'를 나눈다

동작신협의 가장 중요한 이념은 '이웃사촌'이다. 조합원 자녀를 대상으로 장학금을 지원하고, 매년 연말이 되면 쌀이나 연탄 등

생활필수품 후원 행사를 실시한다. 모두 자원봉사 회원들의 수고를 통해 이뤄지는 행사다. 매해 자원봉사 회원으로 활동하는 사람도, 자신보다 어려운 이웃에게 나눠 주라고 양보하는 사람도, 동작신협이라는 울타리로 묶인 이웃사촌이다.

이웃사촌을 위한 행사는 소외계층으로만 향하는 게 아니다. 동작신협은 지역민과 함께 문화적인 삶에도 관심을 가진다. 2008년 '제1회 동작신협 문화의 밤'이 열렸고, 대학로에서 〈민들레 바람 되어〉라는 연극을 조합원 180명이 함께 관람했다. 동작신협 조합원을 위해 전관을 빌려 연 공연이었다. 이후 연극과 영화 단체관람 행사는 지금까지 꾸준히 이어지고 있다.

또 동작신협은 해마다 김장철이 되면 천일염을 공동 구매한다. 천일염 배포가 시작되는 날이면 새벽 4시부터 동작신협 본점 사무실 뒤편에 천일염을 가득 실은 25톤 트럭 두 대가 대기한다. 일기예보에 비 소식이라도 있으면 비닐을 갖추는 등 만반의 준비를 해야 한다. 노량진지점, 성대지점, 장승배기 본점에 나누어 하역해 오전 7시부터 배포를 시작한다. 천일염을 신청한 조합원은 문자를 받고 천일염을 받아 간다. 이 과정에 들어가는 직원들의 노고야 이루 말할 수 없지만, 매년 조합원들에게 깨끗하고 질 좋은 소금을 나누어 준다는 일념으로 행사를 이어가고 있다.

동작신협은 금융기관이라는 정체성에 구애받지 않고 '소금'을

동작신협은 이웃사촌을 돕기 위한 노력을 게을리하지 않는다. 금융기관 본래의 역할을 뛰어넘어 이웃과 함께 살아가는 사회를 만들기 위한 사회공헌활동에도 앞장서고 있다.

나누듯 협동조합의 '가치'를 나눈다. 협동조합과 사회적 경제 생태계를 위한 실험을 계속하며 다양한 사회적 금융사업을 선도적으로 개발하고 있다. 남들이 가보지 않은 길을 뚜벅뚜벅 걸어가는 동작신협은 다음 세대를 위한 금융협동조합의 롤모델이 되기에 충분하다.

동작신협의 오늘

1981년 7월 설립된 동작신협은 오늘날 조합원 약 1만 3천 명, 자산 2,700억 원이라는 성장을 이뤄냈다. 본점 외에 성대지점, 노량진지점이 있다. 동작신협은 '한 사람은 만 사람을 위하고, 만 사람은 한 사람을 위하는' 협동 운동을 통해 이웃과 더불어 함께하는 사회 운동에 힘쓰고 있다.

우리나라 협동 운동의
메카를 만나다

외유내강(外柔內剛)이란 말이 어울리는 조합이 있다. 풀무신협은 외형보다는
내실에 중점을 둔 경영으로 50여 년간 협동 운동의 역사를 지켜온 조합이다.
홍성 홍동마을에서 풀무신협은 초기 신협의 정신과 운영 철학을 토대로 조합원이
협력해 더불어 사는 공생사회의 모습을 보여주고 있다. 풀무신협은 '신협이 지역사회에
왜 존재해야 하는가?'란 질문에 자신 있게 답변할 수 있는 조합이다.

충남 홍성군 홍동면 홍동마을은 자생적 협동조합 운동의 전통
을 오늘날까지 잇고 있는 흔치 않은 동네다. 협동조합의 산실로
여겨지는 이 마을은 40여 개의 협동조합과 단체로 이뤄졌다. 그
중 풀무신협은 이 마을 최초의 금융협동조합으로서 '동네 은행'의
역할을 성실히 수행해오고 있다.

풀무신협 역사의 시작은 50여 년 전으로 거슬러 올라간다. 홍

1983년 준공된 풀무신협 건물. 풀무신협은 설립 당시부터 조합원과 지역사회 발전에 기여한다
는 정신을 굳게 지켜왔다.

동마을에서 협동조합 운동은 1958년 처음 문을 연 풀무학교(지금
의 풀무농업고등학교)에서 태동했다. 학생들이 협동조합을 공부하
기 시작하면서 금융협동조합의 필요성을 스스로 깨우친 것이 발
단이 됐다. 그 뒤 1969년 교사와 졸업생 18명이 모은 4,500원을
출자금으로 풀무신협은 첫발을 내디뎠다. 농촌에서 고리사채가
성행하던 때여서 조합원에게 도움을 주고 지역사회 발전에 기여
하는 것을 경영 목표로 삼았다. 독일의 신협 라이파이젠이 롤모
델이었다. 자본가들에게 경제적으로 수탈당한 영세 농촌 소작농

들이 모여 만든 금융협동조합인 라이파이젠처럼 기금을 조성해 가난한 농민의 희망이 되고자 했다.

설립 초기에는 금고조차 없어 낡은 탄피통에 장부, 현금, 전표를 넣고 다녀야 했지만, 현재 풀무신협은 조합원 3,500명, 자산 420억 원 규모의 조합으로 성장했다. 1,500여 세대가 살고 있는 홍동마을이니, 모든 사람을 조합원으로 두고 있다는 말이 나올 정도다.

풀무신협은 신협 내에서뿐 아니라 농촌형 지역조합의 우수 모델로도 인정받고 있다. 정해완 풀무신협 이사장은 "세월이 흘러도 설립 당시 목표로 삼은 '조합원과 지역사회 발전에 기여한다'는 정신을 충실히 지켜왔습니다. 조합의 역할을 단순히 금융기관으로 한정하지 않고 조합원인 농민, 서민과 함께 살아야 한다는 협동조합 운동의 기본을 따른 결과입니다"라고 말했다.

풀무의 시계는 거꾸로 간다

1983년도의 일이다. '작지만 알찬' 조합으로 알려진 풀무신협에 어려움이 닥쳤다. 현재 풀무신협이 자리 잡고 있는 2층짜리 건물이 준공되면서 경영상 적자를 면하기 힘든 처지에 놓인 것이다. 인건비를 올려주지 못하자 직원들이 반발하며 사표를 제출했다. 그 당시 책임자였던 고(故) 정규채 이사는 전 직원 사표라는 어려운 환경에서도 조합을 건실하게 성장시켜 이후 48년간 흑자 경영을 이루는 기초를 닦았다.

풀무신협이 우수 조합으로 자리 잡은 배경에는 직원들의 '내 조합 정신'이 깃들어 있다. 개인의 이익보다 조합을 먼저 생각하는 직원들의 마음가짐이 1997년 외환위기에도 풀무신협이 흑자를 유지할 수 있게 만들었다. 조합 경영이 어려운 순간마다 임원들과 직원들은 급여를 낮추고 허리띠를 졸라 매며 경비 한 푼 헛되이 쓰지 않았다.

이 때문에 홍동마을에서 풀무신협은 '시간이 거꾸로 흘러가는 협동조합'으로 불린다. 강현주 풀무신협 전무는 "그동안 임원 선거로 인한 잡음이 한 번도 없었고, 오히려 임원들 스스로 처우를 깎아 조합원들에게 더 많은 혜택을 주려는 모습을 보여줬습니다"라고 설명했다. 지금도 풀무신협 이사들은 이사회에 앞서 '이사의 선서'를 한다. 이 선서는 임원 선거에서 선출된 이사가 지켜야 할 기본 원칙을 구체적으로 기술한 것으로 풀무신협의 30년 전통이다. 당초 신임 이사가 첫 번째 이사회에서 하는 선서였지만, 초심(初心)을 잃지 말자는 의미로 매 이사회마다 이사들이 이 같은 글귀를 읽는다.

풀무신협의 오랜 전통인 이사의 선서에서는 원칙과 규정을 지켜내는 정도 경영 철학을 엿볼 수 있다.

성실과 근면을 제일로 여긴다.

자기 자신의 이익을 우선시키지 않는다.

(중략)

조합이 이사나 전무의 조합이 아니라 조합원의 조합이 되도록 노력한다.

출신 지역의 조합원만이 아니고 조합원 전체를 대표한다.

조합이 민주적으로 운영되도록 전력을 다한다.

(중략)

이사의 친척을 조합 직원으로 채용하지 않는다.

이사회가 필요하다고 인정하는 경우 이외에는 전무 이외의 직원과 조합 업무에 대해 논의하지 않는다.

다른 이사, 전무, 직원, 조합원을 원망하거나 미워하지 않는다.

이처럼 이사회의 권한과 책임을 명시해 원칙을 지켜온 풀무신협은 부정이나 사고 한 번 없이 투명하고 건전한 조합으로 성장했다. 급격한 성장보다 정도 경영으로 협동조합 정신을 잘 살리는 조합으로 알려진 풀무신협은 지난 2013년부터 5년 연속 경영평가 우수 조합 자리도 놓치지 않고 있다.

조합원의 부를 최우선으로 한 경영 철학

풀무신협이 50년 가까이 초기 협동조합의 모습을 유지할 수 있는 비결은 뭘까. 풀무신협은 스스로 '정도 경영', '감동 경영', '인의예지(仁義禮智)'의 경영 철학을 철저히 지켜온 점을 손꼽는다. 정직을 토대로 원칙을 지키고 조합원과 지역사회 발전에 도움을 주는 일을 조합 경영의 최우선 과제로 삼은 결과라는 설명이다.

현재 풀무신협 경영 원칙의 초석을 다진 인물로는 고 정규채 전 풀무신협 이사를 빼놓을 수 없다. 정규채 전 이사와 풀무신협의 인연은 설립 때부터 이어졌다. 1967년 풀무농업고등기술학교 졸업생이던 정 전 이사는 당시 농촌 고리채 문제의 해결책으로 신용협동조합을 제시한 졸업논문을 썼다. 이후 1972년 풀무신협에 발을 들여 전무를 역임한 정 전 이사는 2007년 정년퇴직하기까지 조합이 가야 할 방향을 끊임없이 연구하고 고민했다. 그가 조합 경영에서 가장 중시한 것은 '조합원의 부(富)'였다. 조합원이 잘 살아야 신협이 잘 살 수 있음을 강조하고, 지역 개발 사업을 성공시켜 현재의 풀무신협이 우뚝 설 수 있도록 노력하며 36년 세월을 보냈다.

풀무신협은 일찌감치 신용사업 이외에 경제사업에도 눈을 뜬 조합이다. 1982년 처음 시작한 사료 판매 사업도 '조합원을 잘 살게 하는 방법'을 고민한 끝에 나온 결과다. 당시 풀무신협은 경영 환경이 열악한 사료 판매 조합원을 대상으로 저리 대출, 외상 약정 등을 통한 금융 지원에 적극 나섰다. 사료를 받아 축사에 배달하는 일에는 풀무신협 직원들이 동원됐다. 이렇게 시작된 사료 판매 사업은 연간 매출액 30억 원을 기록하는 등 풀무신협 발전의 원동력이 돼 지금까지도 이어지고 있다.

풀무신협이 전개하는 경제사업의 원칙은 분명하다. 조합원과 조합이 윈윈할 수 있어야 한다. 정 전 이사는 풀무신협이 조합원과 함께 조합원에게 도움을 주고 지역사회 발전에 기여하는 것을 목표로 하는 전형적인 농촌형 지역조합의 틀을 만들었다. 풀무신협이 전국에서 이름난 신협으로 발전할 수 있었던 것은 언제나 원칙을 지키고 거짓 없이 정직한 철학을 기본으로 삼아서다. 강현주 전무는 "정 전 이사는 오늘날 풀무신협 경영 원칙의 초석을 다지고, 더 나아가 신협이 가야 할 방향을 제시한 인물입니다"라고 덧붙였다.

'가족 경영'에서 나오는 가족 같은 서비스

풀무신협에서는 매주 목요일 회의가 열린다. 회의에서는 막내 직원을 포함해 누구에게나 동등한 발언 기회가 있다. 책임자는 직원뿐만 아니라 이사회에도 조합의 세세한 경영 상황을 전하고, 직원들은 외부 교육 내용을 공유한다. 자유로운 토론문화는 풀무신협의 자랑거리 중 하나다. 직원 모두의 의견을 공유하다 보니 회의가 길게는 서너 시간씩 진행되기도 한다. 정해완 이사장은 "중요한 결정을 할 때 독단적으로 결정하기보다는 직원들의 의견을 들으려고 합니다. 자율적으로 조합을 위한 일을 할 때 조합이 발전할 수 있고, 그러려면 임직원들이 솔선수범을 보여야 합니다"라고 강조했다.

실제 지난 2016년 여름, 농촌이 가뭄에 시달릴 때 전개한 '단비

풀무신협이 1996년 홍동천에 벚나무를 심는 모습(상)과 최근의 벚나무 제초 작업(하). 봄마다 활짝 피는 벚꽃은 지역사회에 더 나은 환경을 제공하려는 신협의 마음과 같다.

소원 캠페인'도 직원의 아이디어가 반영된 사례다. 비가 내리기를 바라는 농민의 마음을 담은 이 캠페인은 조합에서 인기몰이를 했다. 최근에 도입된 업무일지 제도도 다른 조합에서 교육을 받고 온 직원의 건의로 시작됐다. 하루 동안 있었던 조합원 거래 내용을 정리해 직원 누구나 그날의 업무를 확인할 수 있도록 만든 제도다.

풀무신협의 가족 같은 분위기는 조합원에 대한 서비스로도 이어진다. 신협이 단순히 지역에 있는 금융기관이 아니라 내 집처럼 편안한 서비스를 제공받을 수 있는 장소라는 인식을 심어주기 위해 직원 모두가 힘쓰고 있다. 요즘도 직원들은 고령 조합원이 조합을 방문하면 업무가 끝난 뒤 집까지 모셔다드린다. 내 가족과 같은 마음으로 하는 행동이다 보니 직원 누구에게서도 불평이 나오지 않는다.

또 조합원에게 좀 더 나은 생활환경을 제공하자는 취지에서 시작된 지역 가꾸기 사업도 전개하고 있다. 지난 1996년 홍동마을 내 홍동천 양쪽 총 4.5km의 길에 벚나무 1,500그루를 심었고, 이후 매년 임직원이 관리한다. 최근 이 나무는 홍동마을에서 '아름다운 효도나무'로 불린다. 자녀들이 봄마다 만개한 벚꽃을 보기 위해 고향을 찾기 때문이다. 20년째 이어오고 있는 이 사업은 풀무신협의 자랑거리 중 하나다.

지역사회에서 필요로 하는 사업을 전개하는 데 신협의 존재 가치가 있다면, 풀무신협의 각종 지역 사업이야말로 그에 합당하는 적절한 예가 아닐 수 없다. 풀무신협은 언제나 지역과 함께 성장하는 협동조합의 참다운 모델을 비전으로 삼고, '조합원과 더불어 잘 사는 조합의 모습'을 유지해나가고 있다.

풀무신협의 오늘

1969년 설립된 풀무신협은 오늘날 조합원 3,500명, 자산 420억 원 규모이며, 본점 외에 남장지점을 운영하고 있다. 풀무신협은 내실 경영을 바탕으로 48년간 흑자 경영을 이어왔으며 조합원에게 가족 같은 서비스를 제공하며 '더불어 잘 사는' 풀무학교의 정신을 이어가고 있다.

'풀무신협 1호 조합원' 홍순명 홍동밝맑도서관장

"풀무신협은 '더불어 사는 정신'을 실천하는 협동조합의 역사입니다."

'풀무신협의 1호 조합원'이기도한 홍순명 홍동밝맑도서관장은 풀무신협을 이처럼 정의했다. 충남 홍성 풀무학교에서 태동한 풀무신협이 지난 세월 공동체와 협력해 살아가는 모습을 실천하고 있다는 이유에서다. 홍순명 관장은 우리나라에 유기농업을 정착시킨 '유기농의 아버지'이자 대안 교육의 시초인 풀무농업기술학교의 산증인이기도 하다. 지난 1960년 풀무학교에 교사로 부임한 홍순명 관장은 그 인연으로 지금까지 홍동마을에서 '선생님'으로 불리고 있다. 풀무신협이 초기 협동조합의 정신을 지금까지 유지할 수 있는 배경에는 풀무학교 졸업생들의 희생이 있었다고 한다.

"지역 선·후배들이 도시에 가지 않고 지역에 남아 이곳을 삶의 터전으로 삼고, 학교에서 이론으로 배웠던 신협에 가입하면서 경영 철학의 기초를 다질 수 있었습니다. 초창기에는 임직원 3분의 2가 풀무학교 출신이었죠. 학교에서는 늘 지역사회에 도움이 되어야 한다고 가르쳤는데, 그 정신이 풀무신협에 반영돼 지금까지 이어진 겁니다."

실제 풀무학교 출신의 풀무신협 직원들은 설립 초기 동네 주민을 대

홍순명 조합원은 그 자체로 '더불어 사는 정신'을 실천하는 산 증인이다. 우리나라에 유기농업을 정착시키고 대안교육의 시초인 풀무농업기술학교의 정신과 뿌리가 되어준 사람이다.

상으로 협동 운동 교육을 실기하기도 했다. 이를 통해 더불어 사는 공동체의 개념을 심어줄 수 있었다. 홍순명 관장은 풀무학교의 교훈인 '더불어 사는 평민'이 신협을 통해 상부상조하는 농촌 사회로 확장되었다고 봤다.

"각자의 개성을 존중하고 개인이 공동체 속에서 자신의 역할을 찾게 하는 것이 바른 교육이라고 생각합니다. 풀무신협 역시 이를 이어받아 각자의 조합원이 정체성을 찾을 수 있도록 돕는 역할을 한 것이죠."

그 과정에서 풀무학교가 강조한 '정직함'이 풀무신협의 경영 철학에도 반영됐다. 원칙을 지키면서 지역사회에 도움이 되어야 한다는 경영 목표를 꾸준히 유지해온 것이 지금의 풀무신협을 만들었다는 이야기다.

홍순명 관장은 학교 교육에 이어 협동조합에 필요한 '풀무 정신'을 '하늘과 땅 사이는 마치 풀무와 같다'는 노자의 도덕경에 비유해 설명했다.

"보이지 않는 바람이 숯불을 피워 쇠를 달궈 농구를 만들듯이, 학교는 건물보다 정신이 중요합니다. 달궈진 쇠가 대장간을 나와 담금질을 거쳐 세상에 쓰이듯, 교육을 받은 학생들이 학교를 나와 세상의 고난을 견디고 정직하고 쓸모 있는 사람이 되라는 것이 핵심입니다."

수많은 정직하고 쓸모 있는 사람들이 모여 조합을 만들고, 풀무질을 하듯 지역사회를 위해 열심히 일하고 있다. 풀무신협에 풀무학교의 정신이 깃들어 있는 것이 반갑게만 느껴졌다.

친가족 경영이 답이다

결국 사람이 먼저다. 천안북부신협은 조합원을 친가족처럼 여기며, 한 걸음
더 다가가는 '친가족 경영'을 통해 천안 지역 제1의 서민금융기관으로 자리매김했다.
조합원 중심의 경영 철학을 바탕으로 2005년부터 매년 100억 원대의
자산 성장세를 기록하면서 괄목할 만한 성장을 이룬 대표 조합으로 꼽힌다.

2001년 1월. 감사를 마친 신협중앙회는 천안북부신협에 폐점
을 통보했다. 설립 8년차였던 천안북부신협은 1997년 발발한 외
환위기 여파로 완전 자본잠식에 빠졌고 동일인 대출한도 초과가
말해주듯 경영 상황은 망가질 대로 망가진 상태였다. 인근 조합
으로의 합병을 권고받았지만, 인수 조합이 이를 거부하며 천안북
부신협은 당장 문을 닫아야 하는 상황에 처했다.

오늘날 천안북부신협은 선도 조합으로 명성을 얻고 있다. 퇴출될 뻔한 위기에서 회생의 기회를 얻어낸 것은 직원들의 진심이었다. 끈질긴 설득 끝에 마지막 기회를 붙잡은 천안북부신협은 체질 개선을 최우선 과제로 삼았다. 초심(初心)으로 돌아가 지역 금융기관으로서 지역사회와 함께해야 한다는 신념 아래 임직원이 혼연일체가 돼 위기 극복에 나섰다.

우선 조합원을 위한 밀착 영업을 전략으로 삼고, 조합원 한 명한 명을 찾아다녔다. 천안 직산읍 내 상가 구석구석을 돌며 파출수납을 다니고 직접 동전을 바꿔주며 믿음을 쌓아나갔다. 지역 내 소상공인과 소농민 위주의 소액 신용대출 활성화에도 나섰다. 특히 전 직원이 천안시 공단 지역을 주 1회 이상 방문하며 정부 보증 대출상품인 햇살론 홍보활동을 강화하는 등 서민금융 지원 업무에 박차를 가했다.

그렇게 사계절이 지난 2002년, 천안북부신협은 퇴출 명령을 받은 지 단 1년 만에 당기순이익을 내기 시작했다. 김길호 천안북부신협 전무는 "눈이 오든 비가 오든 임직원들이 뛰어다닌 결과였습니다. 조합을 살리겠다는 열정과 조합원을 생각하는 직원들의 진심이 우리 조합을 바꾸었지요"라고 말했다.

이 같은 임직원의 노력 덕분에 1993년 천안시 직산읍 삼은리에서 조합원 1,622명, 총자산 3억 원, 출자금 5,500만 원으로 첫발을 내디뎠던 천안북부신협은 2017년 7월 현재 조합원 1만 5천명, 자산 2,000억 원의 조합으로 성장했다. 직산읍 인구 2만 명중 80퍼센트를 조합원으로 보유한 셈이다.

신협중앙회 종합경영평가 부문에서도 천안북부신협은 2006년부터 2016년까지 11년 연속 우수상 및 최우수상을 수상했고, 2014년엔 신협중앙회에서 선정한 전국 32개 선도 조합에 포함되며 타 조합의 경영 모범 사례로 거론되고 있다. 이제 천안북부신협은 5년 이내 자산 4,000억 원 초과 달성이라는 또 한 번의 도약을 준비하고 있다.

조합원과 직원을 내 가족처럼

천안북부신협에 들어서면 자리에서 일어난 직원들이 웃는 얼굴로 조합원을 맞이하는 모습을 볼 수 있다. 누구든지 쉽게 방문할 수 있는 신협이 돼야 한다는 조합의 경영 철학이 시작되는 장면이다.

천안북부신협은 '조합 중심, 조합원 중심, 직원 중심'의 '친가

우수 조합원 대상 재정 설계 세미나. 천안북부신협은 조합원을 위한 세심한 서비스를 통해 믿음과 신뢰를 쌓아가고 있다.

족 경영'을 핵심 가치로 내걸고 있다. 최정만 천안북부신협 이사장은 "처음 조합을 찾은 사람들도 가족처럼 대하라고 직원들에게 주문합니다. 내 가족을 대하는 마음으로 조합원을 아끼고 대우해주자는 마음이지요"라고 설명했다. 결국 조합원이 쉽게 방문할 수 있는 조합, 가족 같은 직원을 통해 거래하기 편안한 금융기관으로 거듭나자는 전략이다.

천안북부신협 직원들은 도농 복합이라는 지역적 특성을 고려해 금융 업무를 보러 나오기 힘든 고령의 조합원을 직접 데리러

가고 경조사까지 챙긴다. 조합원을 위한 편의 서비스가 서민금융 기관의 첫 번째 역할임을 명심하고 있어서다. 이제는 "멀리 사는 자식보다 신협이 낫다"라는 우스갯소리가 직산읍 내 노인정에서 나온다.

천안북부신협의 친가족 경영은 직원들에게도 이어진다. 직원 결혼 기념일과 생일에 꽃바구니를 전달하며 따뜻한 마음을 나눈다. 직원의 행복이 조합원에게 전달된다는 리더십이 오늘날 천안북부신협의 친가족 경영을 이루어낸 거름이 됐다.

주인의식으로 똘똘 뭉친 '어벤져스' 직원들

'직원의 능력이 곧 조합의 경쟁력이다.' 천안북부신협은 이 같은 슬로건을 내걸고, 직원 역량을 키우기 위해 아낌없는 지원을 하고 있다. 개별 직원의 역량이 쌓여 팀의 역량이 되고, 팀의 역량이 곧 조합의 성장으로 이어진다는 믿음 때문이다.

천안북부신협 전 직원은 입사 단계부터 직책별·직급별 직원 교육을 세분화해 신협연수원 교육과 금융연수원 교육을 연 1회 이상 이수하고 있다. 진급 시에도 신협중앙회 승진고시를 바탕으로, 직원별 업무 분야 및 직급별 자산관리사, 증권투자상담사, 재

천안북부신협 직원 워크숍. 어떤 어려움이 있어도 지역사회와 함께해야 한다는 신념으로 똘똘 뭉친 임직원들이다.

무설계사, 공인중개사 등의 자격증을 필수로 취득해야 한다. 전문가 수준의 개인 역량이 조합의 핵심 경쟁력이 될 수 있다는 판단에서다. 자격증 취득 시에는 인사상 우대해주고, 대외 연수 시에도 우선권을 부여하는 등 동기 부여에도 소홀하지 않는다. 백문이 불여일견. 타 금융기관 또는 타 조합 현장 교육에 참가한 직원이 직접 보고 느낀 점을 리포트로 작성해 직원들과 공유하는 방식의 체험형 교육 프로그램도 열고 있다. 신규 직원도 조합이 직접 공개채용을 통해 선발한다. 함께 일할 직원을 면밀히 살펴겠다는 의지가 반영된 것이다.

능력 향상에만 힘쓰는 것이 아니다. 직원들이 금융인으로서 올바른 가치관을 정립할 수 있도록 돕는 교육에도 적극 나서고 있다. 대표적으로 매월 1회 이상 이사장 및 실무책임자가 나서서 사고예방 교육 및 실무 교육을 실시하고 있다.

직원 간 토론 문화도 천안북부신협의 자랑거리 중 하나다. 직원들의 하루 일과는 고객서비스(CS)에 대한 논의에서 시작된다. 각 팀 팀장은 아침마다 하루 일과를 모두에게 공개한다. 김길호 전무는 "책임자가 먼저 의식 전환을 하고 직원들과 열린 마음으로 소통을 하다 보니 CS에 대한 직원들의 자세도 변화하기 시작했어요. 함께 '좋은 신협을 만들자'는 목표를 갖고 노력하는 것도 좋지만, 직원들이 조합에서 자아실현을 할 수 있는 환경을 조성해주어야 결국 조합의 경쟁력도 올라가죠"라고 강조했다.

불과 17년 전, 파산 직전까지 갔던 천안북부신협이 단기간 내 우수 조합으로 탈바꿈할 수 있었던 동력도 바로 직원들의 주인의식이다. 모든 행동과 책임의 주체가 자신임을 인식하고, 전문성과 책임감을 갖고 내가 조합을 대표한다는 마음으로 업무를 수행한 결과인 것이다.

천안북부신협의 차별화된 서비스로 꼽히는 토요일 영업도, 직원들의 주인의식에서 비롯됐다. 주중에 금융 업무를 처리하기 힘든 직장인 조합원이나 지역 상가 조합원의 원활한 금융거래를 위해 주5일제가 시행된 2004년부터 토요일에도 정상 근무를 실시하고 있다. 이 역시 강요가 아닌 직원들의 자발적인 결정에 따른 것이다. 이 같은 헌신적인 서비스는 조합원으로부터 높은 호응을 얻고 있다. 실제로 토요 영업일에 조합을 찾는 조합원 수는 평일 근무일 대비 두 배 이상 높게 집계되고 있다.

천안북부신협은 지역 내 은행과 비교해 브랜드 가치와 자산 규모, 수익성 측면에서 상대적으로 열위에 있지만 '맨파워'는 여느 금융기관에 뒤지지 않는다고 자신한다.

서민과 지역사회의 '등불'로 자리매김하다

6년째 천안북부신협과 거래하고 있는 박금숙 씨는 천안북부신협을 '등불'이라고 부른다. 처음 천안북부신협과 연을 맺은 건 2012년이었다. 뇌졸중으로 투병하는 남편 뒷바라지를 하며 홀로 공장 생산라인에서 일하던 그에게 은행의 문턱은 너무 높았다. 급한 마음에 이용한 카드론과 사금융이 높은 이자 부담으로 돌아와 삶은 더 곤궁해졌다. 그러던 중 천안북부신협을 찾았는데, 그때 고금리 대출을 하나로 통합해 저금리 대출로 정리할 수 있는

천안북부신협의 사회공헌활동. 생활고로 고통받는 이들에게 천안북부신협의 이 같은 도움은 어두운 바다에서 우연히 만난 등대와도 같을 것이다.

상품을 권유받았다. 하루하루 이자 갚기에 급급했던 삶이 달라진 순간이었다. "이자만 근근이 내다가 원금과 이자를 같이 갚게 되니까 다시 살아가는 힘이 생겼어요. 이제는 대출을 다 갚고 적금도 조금씩 할 수 있게 됐습니다. 천안북부신협은 다시 살아갈 희망을 심어준 조합입니다."

천안북부신협은 '이웃과 더불어 사는 금융'이라는 신협 정신을 가장 모범적으로 구현하는 조합으로 거론된다. 구도심 상가 활성화를 목표로 연 30퍼센트 고리채에 시달리는 무등록 상인들에게도 최고 2천만 원까지 저리로 무담보 신용대출을 제공한다. 특히 수시로 입출금이 가능하고 사용금액에 대한 이자만 발생하는 마이너스통장 방식의 한도 대출은 소상공인 대출 비중 30퍼센트 이상을 차지할 만큼 인기를 모으고 있다. 또 소액 보증금으로 사업을 하는 개인사업자 및 영세 중소기업을 위한 운영자금대출, 임대차보증금대출, 건축자금대출, 시설자금대출 등을 통해 지역경제 활성화에 이바지하고 있다.

그에 더해 천안북부신협의 꾸준한 사회공헌활동도 빼놓을 수 없다. 2002년 시작한 '사랑의 쌀 나누기 행사'는 16년째 이어오고 있는 대표 활동으로, 천안시 서북구의 기초생활수급자, 독거노인, 사회복지시설, 경로당 등에 매년 1,500여 포의 쌀을 전달한다. 또 연말이면 연탄 나눔 행사를 통해 매년 3천 장 이상의 연탄을 지역 소외계층에 지원하고, 관내 초·중·고등학교를 대상으로 천만 원 상당의 장학금과 학교발전기금을 전달한다. 이외에도 매년 고령의 지역 주민 및 취약계층을 대상으로 독감주사 무료 접종 등 의료 혜택을 주고, 농번기철에는 지역 과수농가에 인공수분 사업을 지원한다.

조합원과 지역사회를 위한 서민금융기관으로서 역할을 수행하기 위해 천안북부신협은 지속적으로 지역의 어려운 이웃과 조합원의 복지 증진을 위한 사회공헌활동을 전개해나갈 예정이다. 최정만 이사장은 "조합원의 예·적금을 재원으로 사업을 전개하는 만큼 지역사회에 이익을 환원하는 일은 당연합니다"라고 강조했다.

천안북부신협은 2015년에 관계 조합을 맺은 아산서부신협을 지원하고 있다. 관계 조합 프로그램은 멘토 조합과 멘티 조합이 경쟁이 아닌 협력 관계를 구축하기 위해 신협중앙회 차원에서 운영 중이다. 멘토 조합이 일방적 손해를 감수하는 것이 아니라, 관계를 맺은 조합들이 함께 성장하는 것이 목표다.

3년 전 천안북부신협이 처음 아산서부신협의 문제점으로 지목한 것은 직원들의 패배의식이었다. 그래서 최우선 과제도 직원 사기 진작이었다. 천안북부신협은 과거 퇴출 위기까지 내몰린 조합이 어떻게 이를 극복하고 성장했는지 이야기하며, 그 경험을 공유했다.

천안북부신협이 멘티 조합과 추진 중인 핵심 활동은 인적 교류다. 함께 지내며 보고 터득하게 하는 것이 최고의 지원책이라는 생각에서다. 이에 재무적으로 어려움을 겪고 있는 아산서부신협에 팀장급 이상 직원을 파견하고 수신·여신 담당자 교차 근무를 진행한다. 인적 교류를 통해 조합의 업무 프로세스와 노하우를 공유하는 한편, 신규 대출 소개 및 공동 대출 지원 등 실질적 도움도 주고 있다. 이사장과 실무책임자가 참석하는 재무건전성 분석 및 토의도 매 분기 진행하고 있다.

이 같은 지원에 힘입어 아산서부신협은 차츰 성장의 발판을 마련하게 됐다. 기본에 충실하자는 멘토 조합의 조언에 따라 유가증권 등 상품 판매를 접고, 여수신 사업에 집중하면서 안정적인 성장 곡선을 그리고 있다.

천안북부신협에게 그간의 멘토 조합 활동은 과거를 돌아보고 현재를 점검하며 미래를 위해 스스로 고삐를 한 번 더 죄는 기회가 됐다. 어떤 사람들은 과거 천안북부신협의 위기 극복 노력을

천안북부신협의 오늘

1993년 설립된 천안북부신협은 2017년 7월 현재 조합원 1만 5천 명, 자산 2,000억 원의 조합으로 성장했다. 본점 외에 불당지점, 신월지점, 수헐자동화점을 운영하고 있다. 신협중앙회 종합경영평가 부문에서도 2006년부터 2016년까지 11년 연속 우수상 및 최우수상을 수상했고, 2014년에 신협중앙회에서 선정한 전국 32개 선도 조합에 포함되었다.

보며 모래 위에 성을 쌓는다고 쉽게 말하곤 했다. 그러나 눈물 젖은 빵을 먹어보지 못한 사람은 인생의 참맛을 알지 못하는 법이다. 천안북부신협이 이전의 어려운 시절을 잊지 않고 겸허한 마음으로 나아가는 한, 지역사회를 놀라게 하는 긍정적인 변화는 계속될 것이다.

제4장

감동 지향으로 금융 이상의 가치를 만들다

나눔과 섬김으로 상생하다

김천신협은 2004년 자산 45억 원에 불과한 작은 신협이었다.
그러나 2017년 김천신협은 자산 4,010억 원 규모로 대구 경북 지역 경영평가에서
대상을 수상하는 으뜸 신협으로 성장했다. 과연 그 비결은 무엇일까.

뽀얗게 절인 배추 수천 포기가 작업대 위로 올라오자 수백 개의 고무장갑이 일사불란하게 움직이기 시작했다. 새빨간 김칫소를 한 움큼씩 쥔 손들이 하얀 배춧잎 사이사이를 바쁘게 오갔다. 어느새 빨갛게 버무려진 배추김치가 스티로폼 박스에 하나둘씩 차곡차곡 담겼다. 이렇게 하루 종일 채워진 8킬로그램 무게의 박스가 무려 1,700통. 배추 5천 포기와 무 2천 개로 만든 김치가 조

합원 봉사자 2백여 명의 따뜻한 사랑으로 완성됐다. 박스 포장까지 마무리되자 그제야 허리를 펴고 고개를 든 봉사자들 이마에 땀방울이, 입가에 번진 미소가 빛났다.

매년 11월 중순, 경북 김천시 구성면 양각리 마을회관에서는 김천신협 임직원과 봉사단 조합원 2백여 명이 수천 포기 김장김치를 담그는 '사랑의 김장 나누기' 행사가 열린다. 2009년 11월부터 매년 실시해온 이 행사는 2017년으로 벌써 9년째다. 김장 나누기 행사는 첫째 날 직접 밭에서 뽑은 배추와 무를 다음 날 다듬어 절이고, 양념을 만들어 마지막 버무리기까지 일주일간 이어진다. 김장 행사의 하이라이트는 절인 배추에 양념을 버무리는 마지막 날. 2백여 명의 신협 조합원 및 봉사단과 임직원이 작업대를 사이에 두고 두 줄로 도열해 하루 종일 일하는 모습은 '김치 공장'을 방불케 하는 장관이다. 이날은 김천시장과 김천 지역 국회의원 및 시의원들까지 찾아와 봉사단원들을 격려하며 기념촬영을 하고 간다.

김천신협 김장김치의 가장 큰 매력은 단연코 시중에서 파는 김

조합원 봉사자의 손길을 기다리는 절인배추. 김천신협의 김장 행사는 10년 가까이 지속되어온 대표적인 사회공헌활동이다.

치와 비교할 수 없는 정성과 맛이다. 김천신협은 인근 밭에서 직접 키운 배추와 무를 직접 뽑아서 다듬고, 절이고, 양념까지 만들어 직접 버무린다. 재료가 신선한 데다 풍부한 김칫소에 조합원들의 넉넉한 인심과 정성까지 더해지니 맛이 좋지 않을 리가 없다.

매년 전체 김장김치의 절반은 조합원에게 판매되는데 예약을 시작하자마자 순식간에 매진될 정도로 큰 인기를 끈다. 조합원에게 판매한 김치 수익금은 그해 지역 불우 이웃에게 연탄 2만 장을 기부하는 데 쓴다. 조합원들은 맛있는 김치를 싼값에 사 먹으

김천신협 김장김치 나눔 행사 모습. 봉사자의 얼굴에 걸린 미소가 환하게 빛나고 있다.

면서 어려운 이웃까지 도울 수 있어서 기쁘다. 김천신협은 나머지 절반의 김치를 김천시에 기부해 독거노인이나 소년소녀가정에 나눠 주고, 일부는 조합원의 추천을 받아 주변의 어려운 이웃에게 전달하고 있다.

김천신협의 김장 봉사는 여느 기업이나 단체에서 하는 김장 봉사와는 양적으로나 질적으로 차원이 다르다. 우선 재료 준비에서부터 김장을 완성하기까지 신협 임직원과 조합원 봉사자들이 자발적으로 참여해 정성을 쏟는다. 김천신협 임직원들에게 매년 김장 행사는 금융 업무만큼이나 중요한 일이다. 행사가 열리는 주일에는 업무 시간을 제외한 나머지 자투리 시간을 오로지 김장하는 데 쓴다고 해도 과언이 아니다.

이 일은 지위 고하를 막론한다. 정영수 전무부터 직접 배추 뽑기와 양념 버무리기 등 전 과정에 참여하면서 솔선수범을 보인다. 김천신협 조합원이자 봉사단장인 김의식 씨는 "금융기관의 전무라는 높은 분이 격의 없이 지역사회를 위해 좋은 일 하겠다고 나서서 김장까지 담그는데, 지역 주민으로서 돕지 않을 수가 없지요"라고 말했다. 하지만 정영수 전무를 비롯한 김천신협 임직원들의 생각은 다르다. 그들은 조합원 봉사자들의 자발적인 참여 덕분에 김장 행사가 매년 성공적으로 이어질 수 있었다며 조합원들에게 공을 돌린다. 최윤애 율곡지점 지점장은 "김장이 참힘든 작업인데, 백여 명에 가까운 조합원 분들, 특히 60~70대 나이 드신 분들까지 힘든 기색 없이 너무나 즐겁고 보람 있게 참여해주십니다. 직원들 어느 누구 할 것 없이 그분들의 열정과 정성에 감동해 가만히 앉아 있을 수 없죠"라고 강조했다.

임직원과 조합원들의 하나 된 열정 덕분에 김천신협 김장 행사는 10년 가까이 지속되며 김천 지역을 대표하는 사회공헌활동으로 자리 잡았다. 더 놀라운 점은 이런 대규모 봉사활동에 김천신협이 별도로 투자한 비용이 '제로'라는 사실이다. 우선 김천 지역에서 직접 재배한 재료와 양념을 사용해 재료비를 최소화했다. 판매하지 않은 나머지 절반의 김치는 김천시에 기부해 법인기부로 세금을 50퍼센트 환급받는다. 결과적으로 김천신협이 김장 행사를 진행하면서 별도로 투자하는 비용은 하나도 없다. 정영수 전무는 "일각에서는 김천신협이 돈이 얼마나 많기에 이렇게 많은 김장김치를 기부하느냐고 오해합니다. 그런데 사실은 비용이 들지 않아요. 조합원과 임직원의 자원봉사로만 운영됐기 때문에 이 행사가 지금까지 이어질 수 있었죠"라고 설명했다.

사회공헌은 꼭 돈이 있어야만 할 수 있는 활동일까. 김천신협의 김장 행사는 이런 물음에 명확한 답을 제시해준다. 돈보다 더욱 중요한 자원은 따로 있다. 신협 임직원과 조합원의 따뜻한 나눔과 봉사 정신이 자본에 우선하는 핵심적 자원인 것이다. 지역 사회의 자원을 최대한 활용하면서 비용을 최소화하는 전략이야말로 김천신협의 김장 봉사가 지속되고 있는 진짜 비결이다.

위기의 신협을 지켜낸 숨은 공신

아무런 대가도 없는데 이렇게 힘든 김장 봉사에 참여하는 이유가 무엇인지 물었을 때 김의식 씨는 이렇게 대답했다. "내가 어딘

가에 소속돼 나갈 곳이 있고, 누군가를 위해 작은 힘이나마 보탬이 될 수 있다면 다른 대가는 없어도 돼요. 전 신협이 참 좋아요."

김천시 인근에서 포도 농사를 하는 김의식 씨는 김천신협 봉사단의 창립 멤버이자 현재 단장이다. 김의식 단장이 처음 봉사단을 만들었던 2009년 8월 28일만 해도 30명에 불과했던 봉사단원은 현재 3백여 명으로 10년 만에 열 배가 늘었다. 회원 수가 늘면서 봉사단을 금빛과 은빛 봉사단으로 나눠 격주로 정기적인 봉사활동을 펼치고 있다. 매달 첫 번째와 세 번째 수요일에 금빛 봉사단이 김천시노인종합복지관과 김천시장애인종합복지관에서 급식 봉사를 하고, 매달 둘째 수요일과 넷째 금요일에는 은빛 봉사단이 불우 이웃을 위한 비빔밥 데이 행사와 네일아트 봉사를 펼친다. 매달 넷째 주 수요일은 금빛과 은빛 봉사단이 함께 모이는 봉사자의 날이다.

이름은 김천신협 봉사단이지만 김천신협이 봉사단 회원들에게 주는 대가는 전혀 없다. 봉사단은 자발적으로 10년째 매주 정기적인 봉사활동을 이어가고 있으며, 사랑의 김치, 사랑의 떡국, 사랑의 연탄 나누기 같은 연례행사를 이끄는 든든한 지원군이 되어준다.

김천신협이 김장 같은 힘든 봉사에 지역 주민의 자발적인 참여를 이끌어낼 수 있었던 비결은 무엇일까. 처음 친구를 따라 김천

사랑의 떡국 나누기 행사. 이 같은 행사를 통해 조합원들은 재미와 보람은 물론, 신협에 대한 신뢰까지 얻어간다.

신협 산악회에 놀러 갔다가 봉사단까지 참여하게 됐다는 이내수 조합원은 "일단 모임 자체가 너무 재미있어요. 봉사하면서 보람도 느낄 수 있으니 중독이라도 된 듯 계속 참여하게 되네요"라고 말했다.

김천신협은 각종 소모임을 통해 뿔뿔이 흩어져 있던 지역 주민을 한곳에 모으면서 새로운 교류의 장을 열었다. 산악회와 봉사단을 창단하고, 테마여행, 하계 야유회 같은 각종 조합원 이벤트를 실시하면서 조합원들과 적극적인 스킨십에 나섰다. 김천신협이 개최한 소모임 행사와 봉사활동이 지속될수록 신협의 진심을 알고 응원하는 조합원이 늘어나기 시작했다. "김천신협에서 주는 커피가 맛있다" "김천신협에서 떡국 한 그릇 얻어먹었다" "김천신협이 좋은 일을 많이 한다" 등등 입소문이 퍼지자 김천신협을 도와줘야 김천이 잘된다는 민심이 생겨나기 시작했다.

김천신협은 봉사단과 함께 위기를 극복하고 지금까지 성장해왔다고 해도 과언이 아니다. 외환위기 이후 지역 조합이 파산하면서 김천신협도 2004년 재무상태 개선 대상으로 분류되는 위기에 처했다. 조합원들의 불신이 날로 커지면서 직원들의 사기도 떨어졌다. 당시 자산 규모는 45억 원, 순자본비율이 –10퍼센트였다.

언제 망할지 모르던 김천신협에 신협중앙회 출신인 정영수 전무가 구원 투수로 나섰다. 중앙회를 퇴사하고 고향인 김천신협 살리기의 총대를 멘 정영수 전무는 조합원과 관계를 회복하기 위해 각종 소모임을 만들어 조합원들과 직접 어울렸다. 정 전무 특유의 소탈함과 친밀함은 금세 지역민의 마음을 사로잡았다. 김의식 단장은 "정영수 전무 본인이 직접 발로 뛰면서 조합원과 소통하는 모습에 다들 감동하기 시작했죠. 그저 정 전무가 좋아서 모임에 나오는 사람들도 많았어요"라고 회상했다.

조합원 커뮤니티가 굳건해지자 직원 5명에 40억 원 수준에 불과했던 김천신협 자산은 2008년 500억, 2012년 1,990억, 2014년 2,253억, 2017년 4,010억 원 등 빠른 속도로 불어났다. 파산 직전까지 갔던 작은 조합이 13년 만에 자산 규모 기준 경북 지역 1위, 전국 15위로 급성장했다. 정영수 전무는 "봉사단이야말로 지금의 김천신협을 있게 한 보배 같은 존재입니다. 추락한 신뢰를 회복하는 데 결정적인 역할을 했죠"라고 거듭 강조했다. 현재 김천 지역에서 봉사단 하면 김천신협, 김천신협 하면 봉사단을 떠올릴 정도로, 봉사단은 지역사회를 대표하는 일꾼으로 자리매김했다. 봉사단은 그간의 공로를 인정받아 2013년과 2016년에 김천시장 표창장, 2012년에 경상북도 도지사상과 사랑의 열매 단체상을 받기도 했다.

신협의 기본 정신인 '나눔'을 바탕으로 조합원과 교류의 장을 열고, 지역사회에서 소외된 이들에게 관심을 쏟은 것이 결국 김천신협의 성장 동력이 됐다.

직원들을 움직인 '작은' 약속

김천신협 직원들은 발로 뛰는 영업으로 조합원의 사랑을 받고 있다. 대표적인 업무가 바로 파출집금이다. 김천신협 직원들은 지금도 상가 6백여 곳을 돌며 파출집금 업무를 한다. 인터넷과 모바일뱅킹이 활성화된 요즘 시대에 직접 찾아가서 돈을 받아온다니 구시대적이고 비효율적인 업무 방식처럼 느껴진다. 실제로 많은 신협에서 파출집금은 기피 업무 1순위일 뿐 아니라 수익성이 떨어진다는 이유로 폐기하는 추세다.

하지만 김천신협은 오히려 파출집금을 통해 조합원 외연을 넓히는 데 노력했다. 조합원을 기다리지 않고 직접 찾아가서 설명하는 것이 기본 영업 방향이며, 그러려면 파출집금을 더욱 확대할 수밖에 없었다. 김미양 김천신협 과장은 "여신과 수신뿐 아니라 공제나 카드 실적을 늘리는 데도 파출 업무가 가장 효과적이죠. 지금은 젊은 직원들도 경쟁적으로 파출 업무를 통해 자기 조합원을 관리하려고 해요"라고 말했다.

파출 담당 직원들은 발로 뛰는 김천신협의 얼굴이라 할 수 있다. 걸어 다니는 신협 전광판이라고 할 정도로 지역 주민에게 잘 알려져 있기 때문이다. 조합원은 신협의 파출 직원들을 매일 만나면서 다른 금융기관에서 맛볼 수 없는 소속감을 느끼고, 신협과 한 공동체에서 함께 성장하고 있음을 깨닫는다. 나중에는 이런 신협 직원들의 진심을 알아본 조합원들이 직접 나서서 실적을 올려주고, 또 다른 조합원에게도 홍보해주었다.

정영수 전무는 "눈에 보이는 수익성만 따지면 파출은 없애는

게 맞지요. 하지만 조합원의 마음을 얻고 평판을 개선해 장기적으로 조합원 기반을 확보하는 데는 파출 업무만큼 유리한 방식이 없어요"라고 설명했다. 파출 업무를 통해 조합원의 손과 발이 되어주는 관계형 금융은 각종 신사업 추진에도 도움이 된다.

실제로 젊은 직원들은 중앙회 연수에 선발되기 위해 파출 업무를 적극적으로 활용한다. 김천신협의 젊은 직원들은 신협중앙회에서도 알아주는 영업통이다. 신협중앙회 공제부는 매년 각 조합에서 근무 경력 3년 미만 신입직원 중 실적이 좋은 직원을 영 리더로 선정해 제주도 2박 3일 연수를 보낸다. 그런데 지난 2017년 전국에서 선발된 영 리더 80명 가운데 무려 11명이 김천신협 직원들이었다.

물론 파출 업무와 별개로 미래의 성장 동력이 될 전자금융을 홍보하는 데도 열심이다. 김천신협 직원들은 전자금융 회원 가입 실적에서도 경북 지역 상위권이다. 2016년 목표의 700퍼센트를 달성한 데 이어 2017년 본부로부터 그보다 높은 115퍼센트 목표를 부여받았는데 이마저도 초과 달성해 지역 본부의 혀를 내두르게 했다. 김미양 과장은 "직원들이 직접 창구를 방문한 어르신들 핸드폰으로 일일이 가입해주고 안내하고 있어요. 직원들끼리 서로 매뉴얼을 공유하다 보니 어떤 기종의 핸드폰에서도 문제없이 전자금융 서비스에 가입할 수 있죠"라고 자랑했다.

각종 소모임과 봉사활동에 참여하느라 직원들의 업무가 과중한 것도 사실이다. 시간 외 근무도 다반사다. 김천신협은 이런 직원들의 고충을 해결하기 위해 인터넷 카페를 활용해 직원들에게 직접 업무 개선 아이디어를 받고 있다. 매월 첫째 주 화요일 가정의 날과 매주 수요일 정시 퇴근도 그 결과물이다. 인터넷 게시판을 통해 과도한 업무 부담을 개선할 수 있는 아이디어를 공모했고, 그 절충안으로 매월 첫째 주 화요일은 가정의 날로 정해 마감 후 바로 퇴근하는 날, 매주 수요일은 각자 남은 업무를 하면 퇴근하는 날로 선정해 지금까지 실천하고 있다.

비록 작은 약속이지만 효과는 컸다. 직원들은 매주 돌아오는 수요일 전에 미리 자기 업무를 정리하려고 노력했으며, 매월 첫째 주 화요일은 눈치 보지 않고 퇴근해 자기만의 휴식 시간을 가졌다. 이러한 변화로 업무 속도와 능률은 더 올라갔고, 지금은 예전보다 일이 많아졌는데도 퇴근 시간은 오히려 1시간 이상 빨라졌다. 직원 한 사람이 아닌, 서로의 의견을 종합해 내린 결정이기에 실천 가능한 일이었다.

김천신협 혁신지점 정문 전면에 설치된 커다란 전광판에는 김천승마장, 지례불고기 같은 지역 명소를 소개하는 네온사인 광고가 흘러나온다. 누구나 지나가면서 볼 수 있을 정도로 눈에 띄는 좋은 위치다. 이런 좋은 자리에 신협 상품 광고가 아닌 다른 기업 홍보라니, 고개가 절로 갸웃거려진다.

사실 이 전광판은 김천신협이 자영업자 조합원을 위해 광고 대행을 해주는 자리다. 사용료는 무료다. 2017년 5월 김천신협이 혁신지점을 새로 개점하면서 신규 조합원을 유치하기 위해 실시한 홍보 아이디어다. 조성한 지 얼마 안 된 신생 도시에서 신협과 마찬가지로 이름을 알리고 싶은 자영업자들을 지역민에게 홍보해주면서 상생하자는 전략이었다. 무료로 좋은 위치에 광고 대행을 해주는 신협의 통 큰 지원에 자영업자들의 만족도가 컸음은 더 말할 나위가 없다. 신협은 이들을 자연스럽게 조합원으로 유치하는 효과를 거뒀다.

체크카드 이벤트도 인기를 끌고 있는 활동 중 하나다. 김천신협은 체크카드 이용을 권장하기 위해 신협 체크카드 영수증을 20장 가져오면 라면, 40장을 가져오면 국수, 150장을 가져오면 어깨안마기를 제공하는 식의 사은품 지급 이벤트를 실시하고 있

김천신협의 조합원 광고 대행 전광판. 지역사회에서 소외된 이들을 외면하지 않는 김천신협의 철학은 이 같은 세세한 부분에까지 미치고 있다.

다. 체크카드는 평소 기존 거래 은행이 있으면 유치하기 어렵다. 하지만 이런 소소한 이벤트를 통해 지역민의 신협 체크카드 사용 확대를 조금이라도 더 유도할 수 있다. 체크카드를 발급하면서 체크카드를 이만큼 사용하면 어떤 사은품이 지급되는지 안내해, 요구불예금 증대 효과까지 덤으로 얻는다. 사은품은 객장 안쪽 눈에 잘 띄는 자리에 배치하고, 라면 상품 밑에 '밥하기 귀찮아' 같은 문구를 거는 등 톡톡 튀는 홍보 문구로 방문 조합원의 눈길을 사로잡는다. 혁신지점 한쪽에는 카페를 설치해 체크카드 가입 조합원을 대상으로 커피를 할인해주는 이벤트도 실시하고 있다. 체크카드 사용에 익숙하지 않은 나이 드신 조합원들도 재미있다며 열심히 호응해준다.

눈에 보이는 수익성만 따지자면 김천신협이 하고 있는 업무의 상당 부분이 의미 없는 일이다. 그러나 김천신협은 단순히 '금융'만을 판매하지는 않을 작정이다. 그보다 중요한 '상생'이 김천신협의 최우선 과제다. 지금도 김천신협 지점 곳곳에는 봉사활동, 테마여행 같은 지역민 참여 독려 행사 안내 현수막이 걸려 있다. 이곳이 단순한 금융기관이 아니라 지역민과 함께 교류하는 공간이라는 정체성이 지점 공간에 그대로 드러난다. 그 발랄하고 따뜻한 공간 안에서 김천신협의 조합원과 임직원의 꿈이 함께 영글어가고 있다.

김천신협의 오늘

김천신협은 설립한 지 45년이 지난 오래된 조합으로, 오늘날 경상북도에 있는 신협 중 1위를 차지하는 으뜸가는 신협이다. 대신지점, 황금지점, 율곡지점, 혁신지점, 지례지점을 운영하고 있다. 대형 김장 이벤트로 지역사회에서 브랜드를 알리고 있으며, 봉사단 활동 등에서 지역민의 자발적 참여를 이끌어내며 함께 상생하는 가치를 만들고 있다.

문화예술 경영으로
지역민과 호흡하다

달구벌신협의 아트센터 달은 고산·경산 권역의 자랑거리다.
아트센터 달 건물은 1층부터 6층까지 문화복합공간으로 구성되어 있다. 1층에는
대구 달구벌신협 본점과 커피숍 및 갤러리가 있으며, 2층에서 5층까지 스크린 골프장,
헬스장, 남녀 스파가 위치해 주민에게 즐거운 휴식을 제공하고 있다.
특히 6층에는 멀티플렉스 공연장 아트센터 달을 운영하여 주민이 금융 서비스부터
문화생활까지 손쉽게 접근하고 즐길 수 있는 기회를 제공한다.

대구 지하철 2호선 신매역 6번 출구에서 700미터 거리에 위치
한 달구벌신협. 달구벌신협이 운영하고 있는 아트센터 달은 경산
시와 대구시 수성구 고산동 일원에 거주하는 주민이 쉽고 친근하
게 접근할 수 있도록 아파트 단지 및 상가 인근에 자리를 잡았다.

아트센터 달에서는 다양한 문화강좌와 공연 그리고 다채로운
인문학 특강 및 갤러리 전시가 열린다. 주민과 조합원에게 저렴

달구벌신협 건물 전경. 달구벌신협이 운영하는 아트센터 달은 지역민과 함께 호흡하는 소통의
장이 되고 있다.

한 비용으로 문화예술을 체험할 수 있는 참된 문화복지를 구현하
는 동시에, 지역 예술가와 인문학도에게는 활동의 장을 제공한
다. 한마디로 고산·경산 권역의 예술 경쟁력을 강화하는 본거지
다. 고산·경산 권역에서 다채로운 문화예술을 즐기기가 쉽지 않
았던 사람들에게 이곳은 그야말로 가뭄에 단비 역할을 톡톡히 해
내고 있다.

달구벌신협의 아트센터 달은 시작부터 세심하게 공을 들였다. 문화강좌 프로그램은 분기별로 조합원에게 설문조사를 실시해 회원들이 원하는 시간대에 원하는 강좌에 참여할 수 있도록 발빠르게 기획하고 있다.

현재 이곳에서는 전문가·자격증, 미술·공예, 음악, 맥주·홍차·핸드드립 커피, 건강·미용, 유아·청소년, 스페셜 체험 강좌 등 10여 개 카테고리로 나뉘어 연간 8백여 개 문화예술 강좌가 진행되고 있다. 2017년 현재 유·무료 문화강좌를 합쳐서 월 수강 회원은 3천여 명이고, 연간 유료 문화강좌 이용 회원은 7,300여 명이다. 전국 최고의 강사진이 연중무휴로 수준 높은 문화강좌를 진행하여 문전성시를 이루고 있다.

이종수 노래 교실에 참여하는 한 조합원은 "5명 이상이 원하면 강좌를 개설해주는데, 듣고 싶었던 브런치 요리 수업이 개설되어서 주변 지인과 같이 즐겁게 수강 중이에요. 수강료가 저렴한데 수업 내용과 강의 시설은 예전 인근 주민센터를 이용할 때보다 훨씬 수준이 높아서 아주 만족스러워요"라고 말했다. 아트센터 달에서 팬플룻 강좌를 지도하는 장창식 교수는 "SNS와 온라인을 활용해 강사들과 운영진, 그리고 수강회원들이 활발하게 소통하고 있어요. 네이버 블로그나 홈페이지를 통해 강좌 소개를 보고 대구 전역에서 문의가 들어오죠. 무엇보다 회원들과 공연활동까지 할 수 있는 것이 이곳의 최대 장점인 것 같아요"라고 말했다.

각종 강좌 외에 수준 높은 공연도 즐길 수 있다. 권위 있는 피아니스트 조성진의 독주회부터 가수 태진아, 진미령, 해바라기 이주호, 박일남, 이동원 등 수많은 유명 가수들의 콘서트가 열리고 있다. 라트라비아타, 카르멘 등의 오페라 갈라와 뮤지컬 갈라

아트센터 달에서 열린 해바라기 공연.

까지 다채로운 장르도 연간 10여 회 이상 선보인다. 아트센터 달은 좋은 공연을 유치하기 위해 대구 오페라하우스와 업무 협약을 맺었다. 또 대구 수성아트피아의 찾아가는 공연 등 고품격 공연에 출연 배우들과 함께 즐길 수 있는 와인파티를 곁들여서 1~2만 원의 저렴한 비용에 제공하기도 한다.

그런데 아트센터 달 공연장에는 무대가 없다. 여기에는 조합원과의 거리를 허물겠다는 달구벌신협의 이념이 반영되어 있다. 장하석 달구벌신협 이사장은 "좌석은 210석이 조금 넘습니다. 어디에 앉더라도 가장 좋은 자리라는 장점이 있어서 공연 전문 매거진에서 다룰 만큼 기능적, 심미적으로도 손색이 없는 곳입니다"라고 덧붙였다.

문화 마케팅 속에 거둔 우수한 경영 성과

이 같은 문화 마케팅에는 매년 1억 원 가까운 비용이 투입된다. 이 비용을 줄여 조합원 배당을 늘리자는 반대의 목소리도 있었다. 심지어 "신협에서 별걸 다하네"라는 곱지 않은 시선도 있었다. 하지만 장하석 이사장은 조합원이 즐거운 신용협동조합이 되어야 한다는 생각으로 반대 의견을 설득했다. 장하석 이사장은 지금도 신협의 설립 취지는 '돈 장사'가 아니며, 조합원을 위한 투자는 건강한 협동조합을 만드는 기본이라고 믿는다.

그런 믿음과 노력은 실적으로도 이어졌다. 달구벌신협은 저성장 기조 속에서도 문화 마케팅으로 훌륭한 경영 성과를 이뤄냈다. 2014년 말 4,237억 원이었던 달구벌신협 자산은 2016년 말 6,023억 원으로 1,786억 원, 42.1퍼센트 증가했다. 같은 시점 전국 평균인 158억 원, 24.0퍼센트 증가와 비교해보면 높은 성장세다. 조합원 수는 같은 기간 2만 9,345명에서 3만 3,993명으로 15.8퍼센트 증가했다. 조합원과의 돈독한 관계에 힘입어 요구불예금은 190억 원에서 410억 원으로 껑충 늘어났다. 이런 경영 성과를 바탕으로 달구벌신협은 초우량 신협으로 성장할 수 있었다.

'위기'에서 '극복'까지

달구벌신협은 문화예술 경영으로만 유명한 게 아니다. 외환위기 여파로 거의 무너지기 직전까지 갔다가 우뚝 일어선 조합으로도 널리 알려져 있다. 달구벌신협은 왜 위기에 직면했고, 또 어떻게 이를 극복했을까.

달구벌신협은 1994년부터 영업을 시작해 이제 20여 년 된 조합이다. 1997년 외환위기 이후 2002년 11월 신용협동조합은 대대적인 구조조정에 들어간다. 이때 전국 115개 조합이 일시에 영업정지 처분을 받았는데, 그중 대구에서 18개, 경상북도에서는 20개 조합이 포함되었다. 달구벌신협은 2002년 구조조정은 간신히 면했지만 2003년 상황은 굉장히 나빴다. 2003년 당시 자산은 598억 원, 직원 수 34명, 순자본비율 −4.7퍼센트, 손실금 −31억 3천만 원 수준이었다. 원인은 신용분석 미흡과 사후관리 부족으로 인한 일일상환 대출 부실에 있었다. 부실 대출 증가에 대한 대손처리가 시급했다.

달구벌신협은 초기에 대출을 늘리며 '은행 흉내'를 냈다. 그러나 설립한 지 3년 뒤에 IMF가 터지다 보니 초기에 성장 위주로 자산을 늘린 탓에 불량 대출이 많았다. 조합원들의 주인의식도 약했다. 위기가 닥치자 우량 고객은 은행으로 발길을 돌렸다. 직원들의 전문성도 부족했고, 2002년 신협 구조조정 여파로 대내외 불신 이미지가 강했다. 이에 장하석 이사장은 조합원에게 기본으로 돌아갈 것을 주문했다. 그러고는 이후 피눈물을 흘리며 열악한 재무상태를 개선해나갔다. 휴일 없이 일하는데도 이를 개선하는 데 꼬박 10년이 걸렸다. "미래를 함께할 직원을 15명만 남겨두고 모두 희망퇴직시켰습니다. 말이 쉽지, 너무 고통스러웠지만 꼭 해야만 하는 일이기도 했습니다."

달구벌신협은 2003년 당시 34명이던 직원 가운데 15명만 남기고 19명을 모두 희망퇴직시키기로 결정했다. 남은 직원들도 힘이 들기는 매한가지였다. 모두 휴일 없이 대출서류를 재정비하고 영업 확대에 적극 나섰다.

직원 교육에도 신경 썼다. 전 직원이 회계원리와 재무현황을 이해하도록 교육했고, 누구나 할 것 없이 매월 첫째 주 토요일에는 월말결산 보고에 참여했다. 직원 발전에 필요한 교육이라면 조합에서는 '아낌없이 주는 나무'가 되었다. 중앙회연수원 외에도 리더십 교육, 혁신 마인드 교육, 최고경영자 과정 등 각종 실무 교육에 투자했고, 또한 자체 워크숍에 연수원 교수들을 강사로 초빙해 직원들의 역량을 키웠다.

무엇보다 일일상환 대출을 전면 금지했다. 일일상환 대출 부실이 열악한 재무상태의 주요 요인으로 지적됐기 때문이다. 외환위기 이전에는 대출만 나가면 계약직 직원들이 수당을 받는 구조여서 사후관리가 전혀 되지 않았다. 따라서 일일상환 대출로 인한 부실은 신협중앙회 조치 방안에 따라 전체 대손상각 조치 후 추심기관에 넘겼다.

이와 함께 여신 담당 실명제를 실시했다. 대출의 책임 소재를 명확히 하고, 금리 결정, 대출 상담부터 사후관리까지 책임을 분명히 구분했다. 또 경쟁 상호금융기관의 대출 매뉴얼을 참고해

건전한 여신영업을 확대 시행했다.

아울러 달구벌신협은 근접 영업과 소개 마케팅에도 힘을 쏟았다. 조합원과 살을 부대끼는 근접 영업을 위해 주말농장, 산악회, 문화센터, 주민노래자랑 등을 찾아갔고, 소개하는 사람과 소개받은 사람 모두에게 우대금리를 적용했다.

나아가 달구벌신협은 조합원과의 관계를 돈독히 다졌다. 조합원 행복 찾기 카드 작성을 통해 특별한 조합원 관리에 나섰고, 기념일과 생일 등 조합원 및 조합원 가족의 세심한 부분까지 관리했다. 이로써 조합과 조합원이 진정한 한 울타리에 속해 있다는 이미지를 심어줬다.

달구벌신협은 2003년의 위기를 2010년 들어 완전히 극복했다. 2010년 7월 25일 재무상태 개선 조치를 종료할 때의 기쁨을 달구벌신협은 결코 잊을 수 없다. 그 뒤 달구벌신협은 2009년 자산 2,000억을 달성한 데 이어 2010년 11월에 자산 3,000억 원을 달성했다. 그리고 2015년에 자산 4,500억, 2017년에 자산 6,600억 원을 기록하며 무서운 속도로 성장했다.

단순히 외형만 커진 것이 아니다. 2010년에 접어들면서 달구벌신협은 자신들의 비전을 하나하나 달성해나갔다. 순자본비율 5퍼센트, 자산 대비 10퍼센트 적립금, 직원 급여 현실화, 지속적 사회공헌활동 등 정량적·정성적 목표를 모두 이뤄냈다.

달구벌신협의 어려움을 함께 이겨낸 임직원들의 모습. 달구벌신협의 문화 경영을 뒷받침하는
것은 이들의 숨은 노력이다.

오늘날 달구벌신협은 지역 내 소외계층을 찾아 정신적·경제
적 지원에 힘쓰고 있다. 지역의 각종 행사 및 공연에도 동참해 신
협의 이미지를 제고하고 지역 사랑을 실천한다. 지역사회 발전을
위한 사업이야말로 더불어 함께 사는 신협 정신을 계승하는 길
이라고 믿어서다. 그래서 매년 수성구 관내 초등학교 12개교, 중
학교 7개교 및 저소득층 가정의 고등학교 입학생을 위한 장학금

과 교복 지원을 하고, 대학교의 추천을 받은 대학생 두 명에게 장학금을 지원한다. 미래의 잠재 조합원인 청소년들의 꿈과 희망을 응원하는 셈이다.

한편 2017년 달구벌신협은 달성대건신협과 선도-관계조합으로 선정됐다. 현재 관계 조합과 추진하고 있는 상호 교류 활동으로는 월별·분기별 간담회가 대표적이다. 이를 통해 각종 신용사업 추진에 따른 장단점을 상호 보완하고 급변하는 금융환경에 발빠르게 대처할 수 있는 대안을 모색하고 있다. 또한 현안 토론에만 그치지 않고 홍보물품 지원, 영업 전략 전수, 조합원 관리방안 등 직접적 도움이 되는 추진안을 짜고 있다.

이 같은 선도 조합 활동에 달구벌신협이 참여하는 이유는 바로 '신협다움' 때문이다. 신협은 서민의 든든한 동반자다. 계층 간 경제적 불균형을 해소하고, 높은 은행 문턱을 넘지 못한 서민과 영세 상공인 등 사회적·경제적 약자들의 자립을 돕기 위해 노력해야 한다. 이에 달구벌신협은 관계 조합과의 협동을 통해 지역민에게 다양한 서비스를 제공할 방침이다. 우리 지역, 우리 사회가 다 함께 성장할 수 있도록 금융을 통한 사회 안전망을 확립하겠다는 취지다.

장하석 이사장은 "갑을 관계가 아닌 진정한 동반자로서 관계 조합이 다시 도약할 수 있는 계기를 마련할 것입니다. 우리가 배

워야 할 점, 우리가 혁신해야 할 점 등을 인지하여 진정으로 상호 발전할 수 있는 발판을 만들어나갈 겁니다"라고 말한다.

달구벌신협의 문화 경영은 화려하다. 그 화려한 꽃을 지탱해주는 줄기와 뿌리는 탄탄한 실적이다. 탄탄한 실적 없이 겉만 번드르르한 꽃은 오래가기 힘들다. 달구벌신협의 우수한 실적은 큰 위기 이후 기초를 다지며 가능했다. 어느새 문화 경영의 아이콘이 된 달구벌신협을 배우고자 전국에서 찾아오는 발길이 당분간 끊이지 않을 것 같다.

달구벌신협의 오늘 •

달구벌신협은 1994년 7월 개점 이래 본점을 비롯해 푸른숲지점, 신매지점, 범어지점, 시지지점, 황금지점, 만촌지점, 사월역지점을 운영한다. 지역사회의 자랑거리인 아트센터 달을 통해 문화 경영을 펼치며 우수한 실적을 올리고 있다. 조합만의 특성을 발휘해 문화적 감각을 발전시키며 소통하는 신협이 되기 위해 노력하고 있다.

대출에 컨설팅을 더하다

서민금융기관이 되는 길은 말처럼 쉽지 않다. 소액 대출을 상담하는 데
몇 시간을 투자해야 하는데 그마저도 부실로 이어질 위험이 크다. 하지만 서민들의
금융 수요는 엄연히 존재하며, 누군가는 그들을 위해 금융 서비스를 제공해야 한다.
광주문화신협은 저소득 저신용자를 위한 맞춤형 컨설팅으로 지역을 대표하는
서민금융기관으로 자리매김하는 데 성공했다. 장학사업으로 지역인재를 육성할 뿐
아니라 신협의 미래가 될 젊은 조합원들을 키워내고 있는 점도 눈여겨볼 만하다.

"신협은 학창 시절 외로웠던 제게 키다리 아저씨 같은 존재였
어요. 이제는 제가 신협의 든든한 후원자가 되고 싶어요."

고등학교에서 시험마다 전교 등수에 손꼽힐 정도로 공부를 잘
해 모범생으로 통했던 김지수 씨(가명). 늘 밝은 성격으로 친구들
과 잘 어울렸던 지수 씨에게는 남모를 슬픔이 있었다. 부모님이
이혼해 어머니와 따로 살면서 가정 형편이 갑자기 어려워진 것이

다. 겉으로 티를 내지는 못했지만 어머니와 가족을 부양해야 한다는 책임감에 짓눌려 늘 어깨가 무거웠다. 학교 선생님들은 지금 성적이면 서울 명문대에 갈 수 있다고 추천했지만 학비와 생활비를 생각하면 엄두가 나지 않았다. 현실의 벽에 부딪혀 고민하던 지수 씨에게 따뜻한 손길을 내민 곳은 다름 아닌 광주문화신협이었다.

신협이 무슨 일을 하는 곳인지도 몰랐던 지수 씨는 고등학교 2학년이던 2012년 교장 선생님의 추천으로 광주문화신협 복지장학재단의 1기 장학생이 됐다. 학비 걱정을 할 필요가 없어지자 학교 공부에 더욱 집중할 수 있게 됐다. 또 매년 두 차례 광주문화신협 임직원들과 함께 봉사활동에 참여하면서 신협이 지역사회를 위해 존재하는 금융기관임을 몸소 체험할 수 있었다. 서울 명문 사립대를 졸업하고 최근 사회에 뛰어든 지수 씨는 임직원 못지않게 신협을 자랑스럽게 생각하는 든든한 우군이 됐다. 이제는 자신이 광주문화신협 조합원 자녀들의 멘토를 자처해 어린 후배들이 꿈을 잃지 않도록 정기적으로 멘토링하면서 신협의 나눔 활동을 이어가고 있다. 김지수 씨는 "신협 임직원들의 정성 어린 관심과 지원 덕분에 지금의 제가 있을 수 있었어요. 이제 신협으로부터 받은 애정을 다른 사람들에게 베풀고 싶어요"라고 말했다.

광주문화신협에는 지수 씨 같은 1020세대 후원자들이 90여 명에 이른다. 2011년 설립한 광주문화신협 복지장학재단이 지난 세월 배출한 장학생들이다. 재단은 2012년부터 광주 북구 13개 인문계 고등학교에서 생활이 어렵지만 학업 성적이 우수한 고등학교 2학년 학생을 학교별로 1명씩 총 13명 추천받아 장학금을 지원하고 있다. 대학교 4년 학비를 포함해 총 6년간 장학금과 생활비를 지원하는데, 2017년 현재 7기 장학생까지 총 90명에게 4억 2천만 원 가량을 후원했다.

이들 장학생 모두가 국내 명문대에 진학했을 뿐 아니라 최근에는 1, 2기 장학생들이 국내 최고 기업에 취직하는 데 성공해 지역사회의 자랑이 되고 있다. 7년에 걸쳐 꾸준한 후원이 이어지면서 광주문화신협 복지장학재단은 광주 북구에서 가장 혜택이 크면서 영예로운 장학금으로 자리매김했다. 국제고 재학 시절 대한민국인재상을 받고 조지타운대 외교경제학과에 진학한 윤상권 학생도 이 재단의 장학생이다.

고영철 광주문화신협 복지장학재단 이사장은 "다른 일회성 사회공헌활동도 좋지만 인재 육성이야말로 장기적으로 지역사회뿐 아니라 신협 발전에 도움이 될 수 있다고 판단했습니다. 장학

광주문화신협의 장학 증서 수여식 모습. 인재 육성을 위한 광주문화신협의 노력은 자연스레 지역사회에 긍정적인 영향을 불러온다.

재단이 10대부터 30대 청년들에게 신협의 위상을 알리는 중요한 계기가 되고 있지요"라고 말했다. 광주문화신협은 장학생들에게 매년 최소 2회 이상 봉사활동과 장학생 신협 체험, 중고생 대상 멘토링 같은 프로그램 참여를 의무화하고 있다. 학생들이 조합원들로부터 받은 후원을 지역사회에 다시 갚을 수 있도록 기회를 제공하는 것이다. 특히 장학생들의 중고생 대상 멘토링은 대학 입시를 준비 중인 자녀를 둔 조합원들에게 큰 인기를 끌고 있다.

광주문화신협과 장학생들 간 교류가 꾸준히 이어지면서 장학 재단사업은 지속성을 갖게 됐다. 고영철 이사장은 "장학사업은 정치적으로 선거에 활용되거나 일회성 이벤트에 그쳐서는 안 됩니다. 그래야 앞으로 20년, 30년 이상 지속되고 장기적으로 신협의 지속 가능한 경영에도 도움이 될 수 있어요"라고 강조한다. 실제로 지역의 우수한 인재들이 신협의 든든한 우군으로 거듭나면서 신협에 무지했던 젊은 세대들의 인지도와 호감도가 올라가고 있다. 광주문화신협 복지장학재단은 지역사회와 신협이 함께 가치를 공유해 윈윈하는 사회공헌활동의 모범 사례이다.

전국 햇살론 1위, 컨설팅으로 서민 대출 블루오션 개척

광주문화신협은 장학재단을 포함한 복지사업에 매년 당기순이익의 최소 7퍼센트 이상을 투자하고 있다. 다른 금융기관과 차별화된 신협 정신을 추구하기 위한 방침이다. 신협은 조합원으로부터 얻은 경제적 이익을 지역사회에 환원함으로써 상생과 협동의 정신을 추구한다. 국제협동조합연맹에서 추구하는 최고의 가치도 '지역사회에 대한 기여'이다. 광주문화신협은 이 같은 원칙을 지키기 위해 당기순이익의 7퍼센트라는 구체적인 수치를 정했다. 광주문화신협 임직원들은 '7퍼센트 원칙' 때문에라도 적정 수준의 당기순이익을 내기 위해 최선을 다한다.

광주문화신협의 신협 정신은 영업 현장에서 진정한 빛을 발한다. 2011년부터 2016년까지 6년 연속 햇살론 취급 전국 1위라는 영예로운 실적은 그냥 나온 게 아니다. 철저하게 서민금융에 맞춘 재무 컨설팅 서비스가 광주문화신협만이 갖춘 특별한 경쟁력이자 이익의 핵심 원천이었다. 광주문화신협은 소득이 적고 신용도가 낮은 서민 대출을 지원한 공을 인정받아 2011년과 2017년에 국무총리상, 2012년에 재경부장관상, 2014년에는 금융위원장상을 수상했다.

광주문화신협은 아무리 소득이 적거나 신용도가 낮은 고객에게도 'No'라고 말하지 않는다. 예컨대 저축은행과 대부업 대출까지 받느라 신용 등급이 7등급 이하로 떨어진 조합원들도 광주문화신협에서는 대출을 받을 수 있다. 기존의 다중 채무나 고금리 채무를 저금리의 신협 대출로 통합해 해결하는 원스톱 '통합 대출 서비스'를 제공하기 때문이다. 예컨대 저축은행, 카드론, 대부업 같은 고금리 채무에 허덕이는 조합원을 상대로 신협이 저금리 대환대출을 해주면서 이자 부담을 줄여주고 신협의 주거래 고객으로 만드는 식이다. 이 과정에서 저소득 저신용자를 대상으로 서민금융진흥원이 보증하는 햇살론 대출도 적극적으로 취급하게

광주문화신협 지리산 둘레길 걷기 행사. 광주문화신협은 지역사회에 이익을 환원하면서도 조합원에게 색다른 금융 서비스를 제공하는 일에도 열심이다.

됐다. 이밖에도 다른 금융기관이 기피하는 보증서 대출을 조합원 상황에 맞게 적극적으로 취급하고 있다.

이처럼 광주문화신협은 서민에 특화된 금융 컨설팅으로 다른 금융기관이 외면하는 중소 자영업자나 영세한 노동자들을 적극적으로 포용하고 있다. 신협이 제일 잘할 수 있는 블루오션 시장을 개척한 것이다. 주변의 다른 금융기관들이 고객의 대출 요청을 거절하면서 광주문화신협에 가보라고 추천할 정도다. 그러나 보유 자산과 현금 창출 능력에 관한 심층적인 컨설팅을 거치면 누구나 신협 대출로 상환 설계가 가능하다는 게 광주문화신협이 그동안 서민금융에 역량을 집중하면서 얻은 확고한 결론이다. 조합원 입장에서는 매달 상환액 부담 자체가 줄어들 뿐 아니라 상환일이 분산돼 관리가 쉽지 않았던 고민을 해결하고, 장기적으로 신용도를 개선할 수 있다는 장점이 있다.

이렇게 인연을 맺은 조합원들의 충성도가 높아지고 금융거래가 늘어나면 예·적금이나 공제 같은 다른 상품 거래로 이어질 수 있다. 결과적으로 광주문화신협의 핵심 전략은 수익 증대와 규모 확대가 아니다. 조합원 입장에서 조합원의 부채 완화에 중점을 둔 여신 정책을 펼침으로써 신뢰를 형성하고 이를 새로운 대출로 확대시키는 선순환을 만들고 있다.

신협만의 전략으로 서민금융에 박차

광주문화신협 직원들은 조합원과 대출 상담을 할 때 대출 한 건이 아닌 조합원의 재무상태를 총체적으로 진단하도록 훈련받는다. 조합원의 현금 흐름을 분석해 대출 가능 금액이 최대 얼마나 되는지를 따져본다. 조합원의 모든 금융부채 원리금이 얼마인지, 연소득에서 얼마만큼을 차지하는지를 따져서 대출한도와 금리를 결정한다. 최근 은행들이 도입하고 있는 총부채원리금상환비율(DSR)을 일찍이 적용해온 셈이다.

또 정부가 분할상환 기조를 강화하기 훨씬 전부터 대출 상담의 기본 원칙을 분할상환으로 정함으로써 조합원과 신협의 리스크를 최소화해왔다. 그런 까닭에 현재 광주문화신협 대출의 50퍼센트 정도가 분할상환이며, 연체율은 0.5퍼센트 수준에 불과하다.

조합원들, 특히 저소득 저신용자들은 좀처럼 자신들의 정보를 노출하길 꺼려한다. 그래서 직원들의 상담 능력이 매우 중요하다. 조합원의 평소 현금 흐름과 소비 수준을 최대한 정확히 파악할수록 조합원이 매달 충당할 수 있는 금융 비용을 좀 더 정확히 계산해 대출한도를 결정하고, 향후 우려되는 부실까지 사전에 예방할 수 있다. 직원의 상담 내용에 따라 조합원에 대한 상품 설계도 완전히 달라질 수 있다. 광주문화신협은 전 직원을 대상으로 햇살론 마케팅 교육을 실시했는데, 특히 직원들의 상담 능력 강화에 초점을 집중했다. 고영철 상임이사는 "대출 결정과 관련해 상담 직원의 역할이 굉장히 중요합니다. 그래서 상품 설계와 금리 및 대출한도를 결정할 때 상담 직원의 의견을 적극적으로 존중하지요"라고 말했다.

창구 직원은 재무 진단 결과를 기초로 얼마나 혹은 어떤 방식

광주문화신협 두드림봉사단의 연탄 나눔 행사 모습. 광주문화신협의 모든 활동은 단순한 일회성 사업이 아니다. 장기적으로 지속 가능한 사회공헌활동의 모범 사례이다.

으로 대출이 가능한지를 먼저 얘기하고, 그 이상은 왜 안 되는지를 설명해야 한다. 그래야 이번에 최종적으로 대출이 성사되지 않은 고객도 나중에 신협을 찾을 수 있는 연결고리가 생긴다. 이런 재무 상담 과정은 고객의 만족도를 높여줄 뿐 아니라 직원들의 업무 역량 향상에도 도움이 된다.

직원들 입장에서는 부담이 상당하다. 같은 1억 원의 대출이더라도 한 건을 처리할 때 들어가는 데 드는 비용과 백만 원짜리 대출 1백 건을 취급하는 데 들어가는 비용은 천지차이다. 광주문화신협 직원들은 전체 여신 금액 대비 대출 건수가 많은 편이다. 그만큼 소액 대출이 많다는 얘기다. 1인당 생산성이 낮아질 수밖에 없지만 직원들은 이를 서민금융기관의 숙명으로 받아들인다. 무리하게 실적을 올리기보다 신협 본연의 업무인 서민 조합원을 위한 금융에 천착하는 게 옳다는 대원칙을 공유하고 업무에 임하고 있다. 큰 이익을 내기보다 적정한 수준의 이익을 안정적으로 꾸준히 내면서 지역사회에 환원하겠다는 신협다운 전략이다.

이용고 배당 도입해 조합원 혜택 업그레이드

광주문화신협의 통합 대출 서비스는 한 번 조합을 방문한 고객에게 대출뿐 아니라 예금, 카드, 공제(보험) 같은 다양한 상품을 적극적으로 권유할 수 있는 기회가 되기도 한다. 신협 직원들이 일종의 금융컨설턴트 역할을 자처하면서 조합원을 주거래 고객으로 만드는 것이다. 예금 금리 이상의 이용고 배당 혜택도 광주문화신협의 주거래 고객을 늘리는 데 주효하다.

광주문화신협은 2013년 전국 신협 최초로 이용고 배당 제도를 도입해 조합원들의 거래 만족도를 높이고 있다. 이용고 배당은 출자금에 대한 배당과 별도로 금융상품 이용 금액에 대해 배당하는 제도를 말한다. 실제 조합원들이 다양한 거래를 활성화하면 다른 금융기관에서보다 많은 혜택을 누릴 수 있다. 예컨대 은행에서 대출을 받을 수 있는 고소득 고신용자도 이용고 배당률까지 고려하면 신협 이자가 은행 이자와 별 차이가 없다는 것을 깨닫게 된다.

고영철 상임이사는 "이용고 배당은 충성 조합원을 확보할 수 있는 효율적인 방안입니다. 직접 이익으로 연결되지 않는 공제, 체크카드, 전자금융, 자동이체 실적도 이용고에 포함해 조합원들의 적극적인 거래를 유도하고 있습니다"라고 말한다. 2013년 이후 광주문화신협이 이용고 배당으로 지급한 금액은 지난 4년간 총 10억 원에 달한다. 2017년 이용고 배당 지급액은 3억 3천만 원으로, 지난 4년 이래 최고 액수를 기록했다.

지점 진출에서도 헝그리 전략 돋보여

현재 호남 최대 규모를 자랑하는 광주문화신협은 1994년 창립한 이래 13년간 문흥 본점 한 곳만 운영했다. 최초의 지점인 양산 지점이 개설된 때가 2006년이었다. 고영철 상임이사는 "설립 초기 재무건전성을 확보하고 직원 역량을 강화하는 등 내실을 다지는 게 우선이라고 생각했지요. 그런 까닭에 무리하게 영토를 확장하지 않았습니다"라고 설명했다.

하지만 조합원이 늘어나고 접근성이 떨어지면서 지점 확대 필요성이 커졌다. 광주문화신협이 운암과 운암산에 지점 두 곳을 추가로 개점한 때는 하필 2008년이었다. 당시 글로벌 금융위기가 터지면서 지점 확대를 두고 조합원 내부에서도 우려하는 목소리가 컸다. 특히 두 곳은 과거 외환위기 때 다른 신협이 부실 경영으로 영업 정지를 당하면서 신협에 대한 불신이 팽배했다. 신협 부흥 운동이 반드시 필요했지만 그만큼 리스크도 컸다. 그러나 미국에서 글로벌 금융위기를 초래한 대형 은행에 대한 불신이 커지고 안전 자산 선호도가 높아지던 분위기는 또 다른 기회였다. 광주문화신협은 위기를 기회로 삼자고 생각해 지점 확대를 강행했다.

지점별로 주요 조합원에 특화한 영업 전략도 주효했다. 문흥 본점이 고령 조합원 위주라면, 양산지점은 저소득층이 많았다. 그래서 각 지점 이용자에 맞춘 서비스에 집중했다. 2011년의 매곡지점, 2012년의 첨단지점은 신규 조합원을 창출하는 거점으로 활용했다.

현재 광주광역시 북구 공동유대 내에서 거주인원 10명당 1명 이상은 신협과 거래를 하고 있다. 지역을 대표하는 서민금융기관으로 자리 잡은 광주문화신협은 자산 1조 원, 대출금 8,000억 원 달성을 목표로 오늘도 열심히 뛰고 있다.

광주문화신협의 오늘

광주문화신협은 1994년 설립되었으며, 최초의 지점인 양산지점 개설 이후 운암지점, 운암산지점, 매곡지점, 첨단지점을 운영하고 있다. 1020세대를 위한 장학재단사업으로 지역사회와 신협의 공유가치를 창출하며, 서민에 특화된 통합 대출 컨설팅 서비스로 신협만의 블루오션을 개척하고 있다.

내실 관리가 탄탄한 실적을 만든다

맛, 멋, 흥이 넘치는 전통시장인 정선아리랑시장 맞은편에 위치한 정선신협.
비록 조합원은 5,600여 명으로 많지 않지만, 탄탄한 실적은 전국에서 둘째가라면
서러울 정도다. 1972년 11월 5일 정선천주교회에서 창립한 이래 단 한 번도 적자를
낸 적이 없다. 과연 그 비결은 무엇일까.

정선신협은 45년간 흑자 실적을 올렸을 뿐 아니라 최근에도 꾸
준히 실적이 개선됐다. 철저한 내실 관리로 순자본비율 9퍼센트
이상, ROA 1퍼센트대, 연체율 0.4퍼센트, 요구불예금 비율 15퍼
센트 이상 등 안정적 실적을 올리고 있다.

특히 순자본비율이 개선됐다. 2013년 말 6.9퍼센트였던 순자
본비율이 2017년 8월 9.23퍼센트까지 증가했을 정도다. 순자본

정선신협은 경영 이익을 조합원과 지역사회에 환원한다. 사진은 정선신협 내부 객장 모습.

비율이란 신협 내부에 유보된 잉여금과 충당금을 통한 잠재적 손
실의 흡수 가능 정도를 나타내는 지표다. 비율이 높을수록 자본
의 적정성이 우수하다는 것을 의미한다. 은행의 BIS(국제결제은
행) 기준 자기자본비율과 유사한 자본규제비율인 셈이다. 통상
이 비율이 4퍼센트가 넘으면 자본적정성이 양호하다고 판단된
다. 꾸준한 순자본비율을 유지한 데에는 요구불예금 확보가 톡톡
히 한몫을 하고 있다. 요구불예금 확보가 곧 조합원들과의 유대
관계를 의미한다는 것은 두말하면 잔소리다.

　정선신협이 40년 이상 꾸준히 발전한 원동력은 조합원들과의 유대관계이다. 정선신협은 초기부터 고객과 금융기관의 관계를 초월하여 인간적 관계를 맺어왔다. 신협의 직원을 믿고 거래를 유지하는 조합원들의 정성이 지금까지 유지되고 있는 것이다.

　1997년 외환위기 당시 전국 신협 2백여 곳 이상이 퇴출됐다. 그러나 이때도 정선신협 조합원들은 동요하지 않았다. 신협에 대한 확고한 신뢰 덕분이었다.

　꾸준한 순자본비율을 유지하기 위해서는 요구불예금 확보와 함께 자본금의 내부유보 역시 중요하다. 내부유보란 당기이익금 중에서 세금, 배당금, 임원상여 등 사외로 유출된 금액을 제외한 나머지를 축적한 것을 말한다. 대차대조표에서는 자본란에 기재되며 구체적으로는 법정준비금인 이익준비금, 잉여금 등을 의미한다.

　이를 위해 정선신협은 철저한 연체율 관리에 의한 당기순이익 증가를 실현하면서 고배당을 지양했다. 매년 당기순이익이 증가하면 일각에서는 고배당으로 조합원들에게 환원해야 한다는 의견이 나올 수 있다. 하지만 정선신협 직원들은 고배당보다는 제적립금과 각종 충당금을 충분히 쌓자는 데 의견을 모았다. 즉 자본금의 내부유보를 통해 조합의 건실한 경영을 꾀하자는 노선이었다. 그 대신에 제적립금 등으로 내부유보를 강화했고, 이에 따라 순자본비율 증가, ROA 적정 비율 유지 등 우수한 경영지표를 실현할 수 있었다.

탄탄한 실적의 배경에는 정량적인 수치뿐 아니라 정성적인 측면도 반영된다. 정선신협은 45년 이상 조합의 여수신, 공제, 환업무 등 기본 금융 업무를 수행하면서 단 한 건의 금융사고도 발생하지 않았다. 특히 규모가 작은 지역 신협 특성상 금융사고가 한 건이라도 발생하면 악성루머가 돌면서 돌이킬 수 없는 사태에 빠질 수 있다.

정선신협은 사고 조합들의 문제점을 분석하고, 그 원인이 규정 미준수와 요행을 바라는 업무 태도라고 판단했다. 무엇이든 기본이 중요한 것이다. 법규에 충실하고 철저하게 규정을 준수한다면, 모든 업무가 정상적으로 진행될뿐더러 조합 발전의 기초가 된다고 믿었다.

이 같은 원칙은 목표 설정과 목표 달성으로 이어졌다. 정선신협은 매년 초에 연중사업계획이 결정되면 각 부분별 매월 실적을 산출한다. 이를 바탕으로 목표 달성 부분과 미달 부분을 다각도로 분석한다. 미달 부분이 나오면 원인을 재점검해서 다시 목표 달성이 되도록 노력한다. 이를 위해 정선신협은 직원 교육에도 열심이다. 월 2회 직원 자체 교육 시간을 통해 전 직원에게 조합 재무 현황(경영분석 포함)을 알려주고, 달성 부분과 미달성 부분을 공유한다.

조합과 조합원의 끈끈한 연결고리

정선신협의 핵심 경쟁력은 카드 체크기(VAN) 업무다. 현재 지역상가의 70퍼센트 이상이 신협의 밴 기기를 쓰고 있다. 밴 업무는 기기 설치에 끝나지 않고 정기적인 가맹점 방문과 관리로 이어진다. 즉 조합원과 가맹점이 이탈하지 않고 신협과 꾸준히 거래를 유지할 수 있는 통로인 셈이다. 정선신협은 약 10년 전부터 주력 사업을 집금 업무에서 밴 업무로 전환했다.

집금(파출) 업무는 밴 업무가 보급되기 전 초창기 신협의 주력 사업이었다. 신협 직원들이 조합원의 영업점을 일일이 방문해 예금 및 공과금 수납 또는 우편물 심부름 등을 했다. 이를 통해 신협과 조합원이 서로 신뢰를 쌓아갔다.

그런데 10여 년 전부터 변화의 바람이 불었다. 카드 체크기가 보급되면서 서서히 집금 업무가 줄어들고, 대신에 밴 기기 관리 업무로 전환됐다. 집금 업무를 할 때는 예금을 수납해 오는 것이 가장 중요한 일이었는데, 카드 체크기가 보급되자 예금이 결제계좌로 바로 입금됐다.

밴 기기로 전환하는 과정에서도 어려움이 있었다. 밴 업무 초기에 밴 업체가 난립한 것이다. 정선신협이 한 업체의 밴 기기를 선정해 조합원 영업장에 설치하면 다른 밴 업체들이 자신들의 밴 기기를 다시 설치하곤 했다. 이 때문에 신협은 다른 금융기관이 아닌 밴 업체들과 경쟁해야 했다.

정선신협은 심사숙고 끝에 지역에 진출했던 밴 기기 업체들을 하나하나 설득했다. 신협이 대리점 형식으로 계약하여 3~4개의 대리점 기기를 동시에 취급하기로 한 것이다. 신협이 당시 지역에 진출했던 밴 업체들의 모든 기기를 통합 관리하면서 밴 업무는 비약적으로 발전했다. 설득 과정이 쉽지 않았지만 직원들의 노력으로 결국 지역 상권의 70퍼센트 이상을 점유하게 됐다.

밴 기기로 전환한 후 그 효과가 서서히 나타나기 시작했다. 적극적인 밴 업무 추진으로 우수 조합원 유치가 가능해졌고, 요구불예금은 15퍼센트 이상 늘어났다. 조합원들도 집금 거래보다 밴 거래를 선호했다. 밴 거래 덕분에 현금이 오고 가는 집금 업무에 대한 불안감이 해소됐기 때문이다.

전환 초기에는 가맹점의 사용 미숙으로 기기 고장 신고가 자주 들어왔다. 직원들은 업무가 끝난 뒤에도 전표와 연결기기 등 소모품과 기기 수선용품을 각자 차량에 싣고 퇴근했다. 고장 신고가 들어오면 근거리에 있는 직원이 출동하기 위해서였다. 한번은 야간에 신협 직원이 단란주점의 밴 기기를 수리하려고 방문했는데 주점 직원으로 오해받는 일도 있었다.

그래도 효과는 뒤따랐다. 정선신협이 신속히 고장 신고를 처리하자 지역 상인들도 신협을 좋은 이미지로 바라보게 되었다. 신협 직원들의 노력이 지역 상인들에게 서서히 인정받은 것이다. 그러자 주변 상인과 세무서가 가게를 개업하는 주인에게 신협 체크기를 사용할 것을 먼저 권하는 홍보 효과도 나타났다. 집금 업무가 과거 조합원들과 조합을 연결해주는 끈끈한 고리였다면, 이제는 밴 기기의 주기적 관리가 그 역할을 대체한 셈이다.

지역 상인과 동고동락하는 정신으로

정선의 가장 대표적인 자랑거리이자 볼거리는 뭐니 뭐니 해도 정선 5일장이다. 정선신협과 지역 상인들은 떼려야 뗄 수 없는 사이이다. 정선재래시장과는 2차선 도로 하나를 사이에 두고 마주하고 있어 지리적으로 가까울 뿐 아니라 지역 상인 대다수가 조합원으로 활동 중이다. 그러니 지역 상인들과의 관계는 단순한

제46차 정기총회 중 진행한 공연. 정선신협이 40년 넘게 꾸준히 발전한 원동력은 조합원들과의 끈끈한 유대관계이다.

조합원 관계 이상이다.

초기 집금 업무를 할 때부터 정선신협은 시장 조합원들과 관계를 돈독히 했다. 한겨울의 집금 업무는 추위와의 싸움이다. 그때는 많은 조합원들이 '전 부치기 골목'에서 차가운 난전 바닥에 연탄불 하나 덩그러니 피워놓고 부침개를 구워 팔았다. 여기저기 널브러진 100원, 50원, 10원짜리 동전은 거의 들기름에 빠져 있는 상태였다. 그 당시에는 화장지가 흔하지 않아서 신협 직원들은 신문지를 오려서 가지고 다녔다. 그리고 신문지로 동전에 묻은 기름을 닦아서 신협으로 가져왔다. 그때마다 서로의 손에 오가는 막걸리 한 잔씩은 덤이었다. 한겨울 거친 바람을 피해 시장한 모퉁이 연탄 화로 앞에서 동전 기름때를 닦았던 경험은 신협집금 직원만의 소중한 자산이다. 조합원들도 자신들이 어렵사리 벌어들인 지저분한 동전을 정성스럽게 수납하던 신협 직원들에 대해 고마운 마음을 간직하고 있다.

이제 정선신협은 카드 체크기 사업은 물론, 온누리상품권 판매등 지역 상인을 위한 다양한 서비스를 펼치고 있다. 특히 온누리상품권 사업은 정선 지역 재래시장 활성화에 일조하고 있다. 현재 정선신협의 온누리상품권 판매량과 수납률은 전국 최상위권이다. 임직원의 끊임없는 노력 덕택에 개별 구입 및 관공서 대량구매 등의 판매 실적이 지속적으로 늘고 있다.

이후 정선아리랑시장이 점차 커지면서 상인회가 생겨나고 협동조합이 발족됐다. 시장이 커지자 회의 장소나 교육 장소가 필요했지만 마땅한 곳을 찾을 수 없었다. 이에 정선신협은 시장 상인회를 위해 장소를 제공하고 행정 업무를 지원했다.

또 시장진흥원에서 정선시장 상인을 대상으로 상인대학을 열려고 준비할 때 1년 이상 신협 회의실을 빌려주고 음수기, 간식, 단체복까지 제공했다. 정선시장 상인대학은 2011년 1기를 배출했다. 지역 상인들은 상인대학을 통해 유통환경 변화를 이해하고, 서비스 마인드를 습득하는 등 전통시장의 경쟁력을 갖추는 데 많은 도움을 받았다. 정선신협은 앞으로도 시장 상인들의 든든한 버팀목이 되고자 다양한 맞춤형 서비스를 선보일 예정이다.

이제 시장 상인이 없는 정선신협은 생각할 수도 없다. 정선신협은 언제나 상생하고 협동하는 공동체 정신으로 시장 상인회 및 상인들과 함께한다. 지금도 매일 아침이면 시장협동조합 간사가 전일 결산 장부를 들고 신협을 찾아온다. 오랜 시간 어려움을 함께했던 이웃의 마음은 앞으로도 변함없을 것이다.

지난 45년 세월처럼 늘 한결같은 마음으로

정선신협은 경영 이익을 조합원과 지역사회에 환원하는 데도 주력하고 있다. 1979년부터 이어온 장학사업과 다문화가정 지원, 복지시설 지원 등 다양한 복지사업은 지금까지도 활발하게 운영되고 있다. 지역인재 육성을 위해 장학재단에 매년 1천만 원의 장학금을 기탁하고, 또한 조합원이 주축이 되어 《논어》를 함께 공부하는 인문학 강좌도 운영한다.

특히 정선신협은 다문화가정의 지역사회 정착을 돕기 위해 한

지역사회를 위한 연탄 나눔 봉사. 오랜 세월 지역 상인과 동고동락해온 정선신협의 정신은 오늘날도 한결같은 마음으로 지역사회 전반에 퍼져나가고 있다.

국어 노래자랑 경연대회를 후원하고 있다. 정선군다문화가족지원센터와 함께 주최하는 한국어 노래자랑 경연대회는 다문화가족의 친목을 도모하는 뜻깊은 행사다. 이처럼 정선신협은 어려움을 겪고 있는 소외이웃과 복지시설을 지속적으로 지원하고 있다.

아울러 정선신협은 지역 내 종합복지관, 장애인시설, 노인복지관에도 관심을 기울이고 있다. 상부상조하는 협동조합의 이념을 홍보하면서 이들 시설의 후원금 계좌를 유치한다. 시설 및 요양원 등에 매년 후원금을 지원하는 것 외에도 아리랑제 등 지역축제와 체육행사도 후원한다. 정선신협은 앞으로도 기존 후원 행사를 꾸준히 지원해 사회공헌사업의 연속성을 유지할 계획이다.

"정선신협은 시장 상인과 지역 주민의 든든한 버팀목으로 꾸준히 성장해왔습니다. 많은 어려움이 있었지만 지금껏 그래왔듯 조합원과 지역사회에 이익을 살뜰히 환원하며 상생할 것입니다. 또한 조합원이 주인이 되는 다양한 활동을 통해 경쟁력 있는 조합으로 키울 방침입니다."

지역사회와 함께해온 지난 40년처럼 한결같은 마음으로 가족을 섬기듯 따뜻한 정을 베풀겠다고 다짐하는 박임용 정선신협 이사장. 그의 다짐처럼 정선신협은 강원 지역 최고에 안주하지 않고 제2의 도약을 꿈꾸며 다양한 성장 발판을 마련하고 있다.

정선신협의 오늘

정선신협은 1972년 자산 3천 원으로 설립되어 오늘날 700억 원을 훌쩍 넘는 규모로 성장했다. 요구불예금 확보와 내부유보를 통한 순자본비율을 개선하고, 무사고 원칙에서 나오는 탄탄한 실적을 자랑하며, 지역 상인들의 든든한 버팀목이 되어 상생의 길을 걸어가고 있다.

금융조합, 은행을 넘어서다

밴시티는 자산 256억 달러로, 캐나다 최대 신용협동조합이다. 하지만 단순히
자산 규모가 밴시티의 전부는 아니다. 밴시티는 실험적인 금융상품과 서비스를 통해
존재 이유를 말한다. 그러나 릭 시엘스키(Rick Sielski) 최고운영책임자는
결코 밴시티의 금융상품이 일반적인 상품보다 리스크가 더 크다고 생각하지 않는다.
밴시티의 다양한 금융상품과 서비스를 살펴보면서 신협의 가능성을 알아보자.

밴시티는 52만 3천 명에 달하는 캐나다 브리티시컬럼비아 주
조합원과 그 지역사회의 요구 사항을 충족하는 가치 기반 금융기
관이다. 메트로 밴쿠버, 프레이저 밸리, 빅토리아, 스쿼미시 등
지점만 59개이다. 밴시티는 256억 달러 규모의 자산을 활용해 조
합원들의 재정적 복지를 개선하면서 지속 가능한 공동체 탄생을
돕고 있다.

캐나다 밴쿠버에서는 밴시티 신협 간판을 쉽게 찾을 수 있다. 밴시티의 존재감은 대형 은행과 어깨를 나란히 할 정도다.

1946년에 설립된 밴시티는 적극적인 사회적 금융을 실천하는 것으로 특히 유명하다. 캐나다에서 최초로 사회책임 투자펀드를 판매했고, 주택에너지 효율화 대출, 무공해자동차 대출 등 조합원들의 탄소발자국 절감을 위한 녹색상품을 운용하고 있다. 또한 민간 차원에서 소셜벤처와 협동조합을 위한 지원 정책을 시행하고 이들을 위한 별도의 인내 자본(Resilient Capital)을 조성하기도 했다.

2007년에 취임한 주 재무부장관 출신의 젊은 여성 CEO 타마라 브루먼(Tamara Vrooman)은 이러한 밴시티의 역할을 더 심도 있게 고민했다. 그리고 2011년부터 '착한 금융(Make Good Money)'

이라는 기치 아래 조합원과 지역사회를 향한 밴시티의 지향을 더욱 혁신하는 중이다.

또한 밴시티는 정부의 공적자금이나 일부 자산가의 기여로 시작된 사회적 금융기관과는 달리, 100퍼센트 일반 시민들의 힘으로 만들어가는 금융협동조합이다. 글로벌 금융위기 이후 단기적인 자본이익보다는 실물경제에 기반을 두고 지속 가능한 이익을 추구하는 대안적인 금융기관에 대한 관심이 점점 높아지는 지금, 우리가 더욱 밴시티의 사례를 주목해야 하는 이유이다.

밴시티의 젊은 CEO 타마라 브루먼. 타마라 브루먼은 지역사회에서 밴시티의 역할에 대해 끊임없이 고민하면서, 조합원과 지역사회에 도움이 되는 밴시티가 되기 위해 나아가는 중이다.

밴시티는 지역사회와 공동체 발전을 목표로 삼고, 조합원 스스로 공동체에 기여하는 방법을 모색하도록 돕는다.

커뮤니티에 투자한다

커뮤니티 임팩트론(Community Impact Loan)은 조합원의 예금을 지역공동체에 가치 있게 쓰기 위해 시작되었다. 커뮤니티 임팩트론이란 밴시티의 일반 대출금 중에서 지역사회 발전에 기여하는 대출을 말한다. 구체적으로는 원주민 복지, 적정주거 제공, 협동조합과 친환경 비즈니스, 노동조합, 비영리단체, 사회적 기업과 소셜 벤처 등 공익기관 육성, 착한 부동산 개발 등을 대상으로 한 대출이다.

환경에 대한 캐나다인의 관심은 전 세계에서 둘째가라면 서러울 정도다. 그래서인지 밴시티의 환경보호 대출상품 역시 눈에 띈다. 친환경 배기가스 기준을 만족하는 자동차 할부 구매 시 우대금리를 주는 '클린 자동차 대출', 주택의 에너지 효율을 높이기 위한 용도로 제공하는 '에너지 효율화 대출', 주택협동조합 조합원들을 위한 '협동조합 주거 대출', 밴시티에서 자체적으로 시행 중인 '생애 첫 주택 구입자 우대 대출' 프로그램 등 밴시티는 다양한 틈새시장에서 10여 가지에 이르는 맞춤형 상품을 운용하고 있다.

밴시티는 신규 법인 대출액의 50퍼센트 이상을 커뮤니티 임팩트론으로 집행한다. 커뮤니티 임팩트론에 신협의 가치가 있다고 보고 그 비중을 계속 늘리는 추세다. 커뮤니티 임팩트론의 집행 비중 확대를 위해 조직 내부에 별도의 중간 지원 조직인 커뮤니티 개발팀(Community Investment Team)도 운영하고 있다. 커뮤니티 개발팀은 직접적인 여신 담당자는 아니다. 대신 커뮤니티 임팩트론의 여러 영역에서 중간 코디네이터로서 활동한다. 즉 금융에 대한 이해가 부족한 사회적 기업 및 비영리단체, 그리고 이들 단체에 대한 이해가 부족한 밴시티 여신 담당자들을 이어주는 가교 역할을 하는 것이다.

밴시티는 사회적 기업, 협동조합과 같은 사회적 경제 영역을 키우는 게 곧 커뮤니티를 키우는 일이라고 굳게 믿고 있다. 이윤보다 미션을 추구하는 사회적 기업과 협동조합은 단기적 재무성과만 평가하는 일반 금융시장의 문턱을 넘기가 쉽지 않다. 사회적 경제 영역 육성을 위해선 좀 더 장기적이면서, 이윤과 가치를 동시에 추구하는 별도의 금융시장이 필요하다.

인내 자본 프로그램은 밴시티가 사회적 경제를 위해 특별히 조성한 기금이다. 유망하지만 초기 자본 확충에 어려움을 겪고 있는 사회적 기업과 협동조합을 대상으로 유연하고 장기적인 투자 및 융자를 제공한다.

인내 자본 프로그램은 2009년 밴시티와 밴쿠버 시 정부 산하의 밴쿠버재단이 맺은 협약에서 시작되었다. 두 기관은 사회적 경제 육성을 위한 기금을 조성키로 약속하고 각각 170만 달러를 출연했다. 하지만 기금 조성은 이내 한계에 부딪혔다. 기금 출연자들은 출연금의 확실한 회수 가능성을 요구했고, 기금 운용 주체인 밴시티는 사회적 가치를 위해 일정한 리스크를 감수할 수 있는 자금 운용 유연성이 필요했다. 상반되는 두 가지 요구가 기금의 성격을 불분명하게 만들었다.

결국 밴시티는 새로운 방식으로 기금을 설계했다. 다시 설계된 기금은 일괄적으로 동일한 방식이 아닌, 자금 운용자와 자금 출연자를 구분한 투트랙(Two-Track) 전략을 활용했다. 밴시티와 밴쿠버재단의 초기 출연금은 유연한 자금 운용을 위한 대손충당금으로 설정하고, 대신에 외부 출연자들의 자금은 장기적이지만 원금을 보장하는 예금 형식으로 유치했다. 이로써 밴시티는 성장기에 있는 사회적 기업들을 위한 장기적인 투자와 융자를 유연하게 집행하는 한편, 자금 출연자들은 원금 및 소정의 이자를 안전하게 보전하는 상반되는 목표를 달성할 수 있었다.

밴시티는 지속 가능한 발전을 꿈꾼다. 지역 커뮤니티와 저소득층에게 문을 열고 사회적 경제 활성화를 위한 인내 자본을 중심으로 지역사회와 성과를 공유한다.

마이크로론(Micro-loan) 또는 스몰 비즈니스론(Small Business Loan)은 밴시티의 대표적인 사회적 금융 프로그램이다. 이는 밴시티만이 할 수 있고, 밴시티가 가장 잘 할 수 있는, 그야말로 밴시티다운 상품이다.

밴시티 마이크로론은 주로 기술과 경력이 있지만 신용 기록이 없어 어려움을 겪는 신규 이민자들과, 담보는 없지만 좋은 사업 아이디어와 높은 자활 의지를 가진 사람들에게 초기 종잣돈을 지원해주는 프로그램이다.

마이크로론의 대출한도는 개인의 경우 최대 1만 달러, 상환 기간은 5년이다. 학교를 갓 졸업한 사회 초년생이나 캐나다 신규 이민자에게 대출해주는 상품 등이 있다. 법인은 최대 7만 5천 달러를 대출할 수 있고, 상환 기간은 2년, 5년, 7년 등 다양하다. 전반적으로 저소득층을 대상으로 한 무담보 무보증 융자인데도 90퍼센트 후반의 비교적 높은 상환율을 기록하고 있다.

그 비결을 밴시티 측에서는 두 가지 이유로 설명한다. 첫 번째는 마이크로론을 위해 특화된 별도의 심사 기준이다. 가령 법인 대상 융자의 경우, 기존 대출 신청서에 더해 네 가지 추가 서류가 필요하다. 첫째 사업 계획서, 둘째 향후 2년간의 현금흐름표, 셋째 가족 외 지인의 추천서, 넷째 독립된 컨설턴트의 객관적 비즈니스 리뷰이다. 이러한 역량 평가를 통해 엄격하게 심사를 진행하고 있으며, 따라서 대출 신청 건의 3분의 1 정도만 심사를 통과한다.

두 번째로 수요에 맞춰 설계된 세분화된 상품 카테고리이다. 마이크로론 프로그램 중 하나인 직업 되찾기 융자는 전직 약사나 의사처럼 전문직 출신의 신규 이민자들이 캐나다에서 동일한 학위와 자격증을 취득하는 데 드는 비용을 대출해주는 상품이다. 또 다른 프로그램의 경우 건설 분야와 예체능 분야 졸업생들이 전공을 살린 창업이나 취업을 위해 필요한 기자재를 구매하는 데 드는 비용을 대출해준다. 가령 음악학원을 차리고 싶은 음대 졸업생에게 피아노 구매를 위한 자금을 대출해주는 식이다.

이렇게 세분화된 대출 프로그램은 다양한 비영리단체와 협업해 진행하고 있다. 예를 들어 다이버스시티(DIVERSEcity), 모자익(MOSAIC) 등 이민자를 지원하는 비영리단체에서 자금이 필요한 신규 이민자들을 추천하면, 밴시티에서 심사해 대출하는 방식이다. 총 11개 세부 카테고리로 이루어진 마이크로론에는 각각 직접적으로 연관된 파트너 기관이 있다. 각각의 세부 프로그램이 이들 파트너 기관과의 협력을 통해 개발 및 운영되고 있고, 대다수의 대출 신청 또한 이들 커뮤니티 파트너를 통해 유입된다. 이러한 삼자 관계는 상환율 관리에서도 안전장치가 되어준다.

마이크로론 이용자라면 대출상환 시에도 특별한 혜택이 있다. 12개월의 상환기일 중 매년 2개월은 상환을 유예할 수 있는 정책을 시행하고 있는 것이다. 즉 미리 협의만 하면 1년 중 2개월은 별도의 연체기록 없이 대출원금 및 이자상환 유예가 가능하다. 이는 마이크로론 이용자의 대부분이 종사하는 자영업의 특성을 고려한 정책이다. 그리고 최대 상환 기간 5년 중 3분의 1까지는 이자만 납입하는 거치 기간을 둘 수 있다. 이러한 유연성 또한 마이크로론 상환율을 높게 유지하는 비결 중 하나이다.

지역사회와 나누는 잉여 배당 정책

대형은행과 신협의 가장 큰 차별점은 독자적인 잉여 배당 정책이다. 밴시티도 1994년부터 독자적인 잉여 배당 정책인 성과 공유제 프로그램을 시행하고 있다.

밴시티는 성과 공유제 프로그램을 통해 매년 세전 당기순이익의 30퍼센트를 고정적으로 조합원과 지역공동체에 환원한다. 조합원에 대한 이용고 배당을 통해 참조합원을 육성할 뿐만 아니라, 배당액의 일정 부분은 지역사회에 환원함으로써 지역공동체

은행의 가치를 명시적으로 전달한다.

밴시티의 성과 공유제는 크게 세 부분으로 나뉜다. 첫째 출자 배당, 둘째 이용고 배당, 셋째 지역사회 배당이다. 출자 배당은 조합원 1인당 소유한 출자금에 비례해서 배당하는 형태이다. 밴시티 조합원이면 누구나 가지고 있는 최소 5달러에서 최대 1천 달러까지의 출자금 구좌에 매년 일정 액수의 배당금이 적립된다. 이용고 배당은 조합원의 밴시티 금융 서비스 이용량에 비례한 배당 형태이다. 지역사회 배당은 매년 당기순이익의 일정 부분을 기금으로 적립해 지역사회의 공익 단체와 공익 프로젝트 등에 지원하는 형태이다. 지역사회 배당에는 매년 일정한 기준에 따라 사업의 필요성을 평가해 지급하는 프로젝트 기금 형태, 한 기관에 수년간 지속되는 파트너십 기금 형태, 일반적인 단기 스폰서

밴시티 신협의 오늘

캐나다 밴시티 신협은 조합원 52만여 명, 자산 256억 달러 규모의 조합이다. 지점만 59개이고 종업원 수는 2,600여 명. 밴시티 신협은 커뮤니티에 투자하는 대출, 저소득층에게 열린 대출, 사회적 경제를 위한 인내 자본을 장점으로 지역사회와 성과를 공유하고 있다.

십 등이 있다.

성과 공유제 가운데 출자 배당과 이용고 배당은 금융협동조합에서는 익숙한 제도로 우리나라 신협에서도 운용 중이다. 그러나 세 번째 지역사회 배당은 조합원을 넘어 지역사회의 지속 가능한 발전을 추구하는 밴시티만의 철학이 담긴 정책이라 할 수 있다. 그 액수도 적지 않아, 매년 세전 당기순이익 중 14퍼센트가 출자 배당과 이용고 배당에 집행되고, 16퍼센트는 지역사회 배당에 집행된다.

밴시티가 지역사회 배당금을 집행하는 기준은 협동조합경제, 사회정의와 금융복지, 지속 가능한 환경이다. 특히 일시적 후원금 성격의 자선사업은 지양하고 사회의 구조적 변화를 지향하는 시민사회단체의 사업에 중점적으로 지원하고 있다

샤론 신협(Sharons Credit Union)은 1988년 창립되어 캐나다 광역 한인과 지역주민을 위해 운영되고 있는 한인 신협이다. 조합원들은 이름 '샤론'을 무궁화(Rose of Sharon)에서 따올 정도로 한국인이라는 자긍심을 먼 타지에서도 잊지 않고 있다.

샤론 신협은 2017년 특별한 한 해를 보냈다. 샤론 신협 자산은 2016년 처음으로 3억 달러를 넘어, 2017년에는 3억 7천만 달러를 기록했다. 이는 전년도에 비해 23퍼센트 증가한 수준이다.

아울러 조합원 수도 만 명을 훌쩍 넘어섰다. 기준 금리 1퍼센트 수준인 저금리 기조에서 이룬 성과라 더욱 자랑스러운 결과다. 장기적 저금리의 금융환경은 고이윤 창출 상품 선호로 이어져 수신 성장이 한때 위축되기도 했다. 하지만 2017년 수신고는 오히려 5,500만 달러 증가했고, 더불어 약 7,700만 달러 이상의 대출 성장도 이어졌다. 특히 총대출액 부분에서는 33퍼센트라는 괄목할 만한 성장을 달성했다. 여기에는 전례 없이 활기찼던 브리티시컬럼비아 주 내 부동산 경기의 과열 양상도 한몫했다. 그러나 무엇보다 큰 이유는 따로 있다. 샤론 신협이 경쟁력 있는 대출상품을 갖춘 믿을 만한 금융기관이며 이용자에게 혜택을 돌려주

샤론 신협은 믿을 만한 금융기관으로 자리 잡으면서 캐나다 한인사회에 넉넉한 품을 내어주고 있다.

는 사회적 금융이라는 이미지가 한인사회에 널리 알려진 덕분이다.

특히 대표적 경영지표인 세전 영업순이익이 전년도에 비해 9퍼센트, 약 12만 달러 증가한 140만 달러를 기록했다. 이는 더욱 엄격해지는 캐나다 금융 감독관청의 감독 규정에 부합하기 위한 추가비용 등이 반영된 실적이기에 더욱 의미가 크다. 이사회는 전체 이익금 중 약 69만 달러를 배당금과 이용고 배당으로 책정했다. 따라서 2.5퍼센트 출자 배당과 8.5퍼센트의 주택과 상업용 모기지 대출이자에 대한 이용고 배당이 조합원에게 환원됐다. 이처럼 샤론 신협은 지난 1991년 이후 한 해도 거르지 않고 조합원들과 이익을 나누고 있다.

지난 2017년이 샤론 신협 역사에 한 획을 그은 해였다고 말할 수 있는 까닭은 또 있다. 견고한 이사회 운영이 바로 그것이다. 한 해 동안 샤론 신협은 신협 운영의 초석이 되는 정관을 재정비했다. 신협 설립 당시 마련한 기존의 정관으로는 더 이상 거대해진 조직을 관리하고 통제하기에 역부족이었다. 이 정관이 더 이상의 수정이 필요 없는 완벽한 정관은 아니지만 향후 다음 단계로 도약하기 위한 확고한 기반이 될 거라는 사실은 확실하다.

조합원들은 샤론 신협과 거래하면 그 수익금이 한인사회에 쓰인다는 점을 잘 알고 있다. '돈보다 사람이 우선'인 가치를 실현하는 샤론 신협은 오늘도 한인사회의 구심점으로서 넉넉한 품을 내어주고 있다.

우리가 몰랐던 신협 알쓸신잡 Q&A

(알아두면 쓸모 있는 신비한 잡학사전)

신협이란 무엇인가요?

Q 신협의 정신이 궁금해요.

A 신협은 경제적 약자들이 경제적, 사회적 어려움을 스스로 해결하고
자 자발적으로 조직한 비영리 금융협동조합입니다. 한마디로 '더불
어 함께하는 금융공동체'라고 할 수 있지요. 그래서 조합원에게 금융
편익을 제공해 지역경제 발전에 이바지하는 것이 목적입니다.

신협은 '일인은 만인을 위해, 만인은 일인을 위해'라는 철학을 바탕
으로, 더불어 사는 사회를 지향하며 상생의 길을 만들기 위해 부단히
노력해왔습니다. 또 언제나 서민 중산층을 위한 금융 서비스와 협동
조합의 참가치를 실현하는 데 앞장서고 있습니다.

Q 공동유대란 무엇인가요.

A 공동유대는 신용협동조합의 설립과 구성원 자격을 결정하는 기본 단
위입니다. 크게 지역신협, 단체신협, 직장신협으로 나누어볼 수 있습
니다.

지역신협은 같은 지역 주민들이 만든 신협으로, 같은 행정구역에 거
주하거나 같은 경제권을 공유하는 지역을 말합니다. 단체신협은 종
교단체나 시장 같은 단체, 혹은 의사나 변호사 등 협회 구성원들이

신협의 종류와 공동유대

지역신협
주민등록주소지 또는
근무지 인근 신협에
가입할 수 있어요.

단체신협
종교단체, 치과의사, 건축사,
약사 등은 단체에 신협이
있으면 가입할 수 있어요.

직장신협
직장에 신협이 있으면
직장신협에 가입하세요.

만든 신협을 말합니다. 직장신협은 은행, 병원, 기업 등 직장 내 임직원들이 만든 신협을 말합니다.

Q 신협의 비전을 알고 싶어요.

A 신협은 부유한 삶이 아니라 충만한 삶을 추구합니다. 진정한 의미에서 '풍요로운 사회'가 되기를 지향하며, 개개인의 행복을 위해 나아갑니다. 구성원 모두가 더욱 행복해질 수 있는 사회적 조건을 갖춘 '새로운 경제'를 만드는 데 신협의 비전이 있습니다. 신협은 경쟁이 아

니라 협력, 이윤이 아니라 나눔을 추구하는 세상을 꿈꾸며 조합원들과 함께 뛰고 있습니다.

신협은 가치를 바탕으로 효율적 성장을 추구하며, 합리적 호혜성 및 보편적 공공성을 실현합니다. 동시에 협동조합 철학과 자본주의 원리의 조화를 꾀하는 경제적 공동체로서 지역사회에서 협동조합의 정체성을 선도적으로 실현해나가고 있습니다.

Q 신협은 영리가 목적인가요, 비영리가 목적인가요.

A 신협은 조합원들과 가장 가까운 곳에서 함께하는 이웃으로, 비영리 금융협동조합입니다. 그래서 영리를 목적으로 하는 은행과는 차이가 있습니다. 신협은 조합원들이 참여해 조합원들의 자금으로 만들어졌기 때문에 조합원 모두의 이익을 위해 운영됩니다. 다양한 혜택과 사회공헌활동을 통해 조합원과 지역사회에 이익을 고스란히 환원하고, 서민의 경제적 자립을 돕는 경제 운동을 벌여나가고 있습니다.

Q 신협이 일반 금융기관과 다른 점이 있나요.

A 신협의 주인은 조합원이고, 은행의 주인은 주주입니다. 은행은 주인

신협과 은행의 차이

| | 1인 1표 행사 | 조합원에 이익 환원 | 조합원 중 대표 선출 | 조합원이 주인 |

은행 고객은 이용자에 불과하지만 신협 조합원은 주인입니다.

이 주주이고 경영자는 직원이며, 이용자는 일반 고객이지요. 은행의 고객은 경영에 참여할 수 없지만, 신협은 조합원들이 대표자를 선출하거나 총회를 통해 의사결정에 참여할 수 있습니다.

은행은 주식의 양에 따라 표가 결정되지만, 신협은 1인 1표로 평등합니다. 즉 신협의 의결권은 출자금액에 관계없이 조합원 모두 공평하게 1인 1표로 주어지며 민주적인 운영을 원칙으로 합니다.

또한 은행은 주주가 이익을 나눠 갖지만, 신협은 조합원에게 이익을 돌려줍니다. 은행에서는 이익이 남으면 국적에 상관없이 주주에게 돌아가지만, 신협의 이익은 출자배당, 수수료 감면, 이용도에 따른 환급, 복지사업 등을 통해 모든 조합원에게 돌아갑니다.

Q 일반 은행과 기업에도 신협이 있나요.

A 한국은행, 국민은행, 하나은행, 농협에는 또 다른 금융기관이 있습니다. 바로 직원들을 위한 신협이죠. 전국 20개 금융기관에 신협이 있습니다. 이들 신협은 은행 직원들의 은행인 셈입니다.

또 삼성, LG, SK, 현대 등 우리나라를 대표하는 기업 자체에도 신협이 있습니다. 우리나라 경동시장, 미국의 NASA, 하버드 대학에도 신협이 있습니다.

은행과 기업에서 신협을 설립하는 것은 직장 구성원에게 신협의 혜택을 제공하기 위해서라고 볼 수 있습니다. 직원들이 신협 비과세 예금을 이용할 수 있고, 예금자 보호를 받을 수 있는 것은 큰 장점입니다. 또 대출도 퇴직금 범위 내에서 일정 금액까지는 수시로 편리하게 이용할 수 있습니다. 이밖에 다양한 사내 복지사업을 통해 맞춤형 혜택을 누릴 수 있는 것도 장점입니다.

신협은 어떻게 운영되나요?

Q 신협중앙회의 역할은 무엇인가요.

A 신협중앙회는 전국 신협의 경영 및 자산 운용 지원부터 경영 상태 개선을 위한 감독, 부실 운영 예방을 위한 검사 업무 등을 맡습니다. 이 뿐만 아니라 신협 가족을 위한 직거래 장터 및 쇼핑몰 운영, 전산망 운영, 각종 조사활동과 홍보활동, 교육 등 다양한 지원 업무를 통해 모든 조합의 든든한 후원자 역할을 해내고 있습니다.

Q 신협 운영의 기본 원칙은 무엇인가요.

A 신협 운영 원칙은 크게 세 가지로 나누어 볼 수 있습니다.

첫째, 협동조합 조직구조입니다. 신협은 조합원이 소유하고 조합원에 의해 민주적으로 관리되는 금융협동조합입니다. 따라서 신협의 조합원은 출자금, 예금 거래액의 다소에 관계없이 조합 운영에 영향을 주는 의사결정에 동등하게 참여할 권리를 갖습니다.

둘째, 조합원에 대한 서비스입니다. 조합원 자격은 자발적이며 조합원으로서 책임을 다할 수 있는 모든 사람에게 어떠한 차별도 두지 않고 개방되어 있습니다. 또한, 신협은 금융소외계층을 포함하여 모든 사람에게 적절한 금융 서비스를 제공하면서 재무적으로 지속 가능한

신협의 기본 원칙

FIRST	SECOND	THIRD
협동조합 조직구조	**조합원에 대한 서비스**	**사회적 책임**
조합원이 소유하고 조합원에 의해 민주적으로 관리됩니다.	모든 조합원을 차별하지 않고, 최대한의 경제적 혜택을 부여합니다.	지역사회를 풍요롭게 하고, 신협의 가치를 드높입니다.

상태를 유지하고, 조합원에게 최대한의 경제적 혜택을 부여하고자 노력하고 있습니다.

셋째, 사회적 책임입니다. 신협은 지역민의 금융에 대한 이해도 제고 및 네트워크를 통한 협력을 바탕으로 지역사회를 풍요롭게 하고, 세계 속의 신협, 즉 세계신협협의회의 일원으로서 신협의 가치를 드높이고자 노력하고 있습니다.

Q 신협의 사회공헌활동에 대해 알고 싶어요.

A 신협은 다양한 복지사업 및 문화사업으로 지역사회 개발과 조합원의 삶의 질 향상을 위해 노력하고 있습니다. 구체적으로 보육시설 운영과 지원, 노인과 장애인 대상 복지시설 운영과 지원 등의 활동을 전개하고 있습니다. 또 문화후생사업으로서 사회교육시설, 생활체육시설, 편의시설 등을 운영하거나 지원하는 한편, 다양한 문화예술 행사를 개최하거나 지원하고 있습니다. 서로 돕고 나누는 신협의 다양한 활동은 함께하는 세상을 만드는 든든한 디딤돌 역할을 하고 있습니다.

Q 신협이 다양한 사회공헌활동을 하는 이유는 무엇인가요.

A 신협은 '사람이 먼저'라는 인본정신을 바탕으로 믿음과 나눔을 통한 따뜻한 금융을 실현합니다. 특히 오늘날처럼 자본의 양면성이 극명하게 드러나는 때일수록 신협의 따뜻한 손길이 더욱 절실합니다. 신협은 이러한 사회적 요구에 적극 응답하기 위해 의료소외계층을 위한 무료 진료 서비스, 사회복지단체 후원, 봉사 프로그램 운영, 취약계층을 위한 자선구호사업 등 다양한 사회공헌활동에 최선을 다하고 있습니다.

신협의 다양한 사회공헌활동

자선구호사업

사회복지단체
후원

봉사 프로그램
운영

신협사회공헌재단은 어둡고 그늘진 곳에 햇살이 되고자 하는 신협의 역할을 실천하기 위해 전국 신협과 그 임직원이 주축이 되어 2015년 출범한 공익재단입니다. 재단은 창립 이래로 누적 기부금 90억 원(2017년 말 기준)을 돌파하였으며 더불어 잘 사는 신협 나눔문화를 확산시키고 있습니다.

세계 속의 신협이 궁금해요

Q **전 세계적으로 알려진 신협은 무엇이고, 어떻게 활동하고 있나요.**

A 먼저 독일의 대표적인 금융협동조합인 라이파이젠 신협을 예로 들 수 있습니다. 라이파이젠은 1862년 농민을 중심으로 설립된 협동조합입니다. 라인강 중류의 농촌 마을 바이어부쉬에 프리드리히 빌헬름 라이파이젠이 시장으로 부임했는데, 그때 라이파이젠 시장은 대기근과 고리대로 고통받는 농민들의 삶을 가까이 접하고 나서 그들의 삶을 구제할 방법을 고민하게 되었습니다. 그는 먼저 자신의 인맥을 통해 마을 기금을 조성했고, 농부들에게 외상으로 식량을 나눠 주기도 했습니다. 그것이 점점 규모가 커져 1849년에는 빈농구제조합을 설립해 농민들이 가축을 사들일 수 있도록 지원했습니다. 그렇게 구호활동을 벌이던 라이파이젠은 농민 스스로 자본을 모아 자금을 조성하고, 이 자금을 공동으로 운용하여 낮은 이자로 서로에게 대출하는 제도를 구상했습니다. 이것이 바로 금융협동조합의 시작이었습니다. 이후 농민 중심의 라이파이젠 신협은 상인 중심의 시민은행과 합병하며 명실상부한 독일의 대표적 금융협동조합으로 자리 잡게 됩니다.

라이파이젠의 성공은 독일을 넘어 유럽 전역 농촌으로 퍼졌고, 고리대금에 시달리던 유럽의 다른 농민들에게 희망을 주었습니다. 비영리단체인 라이파이젠 신협은 예금자 보호를 이중 제도로 운영하며, 매우 안전한 금융기관으로 인정받고 있습니다. 또 세계 금융위기와 유럽 재정위기에도 흔들리지 않고 내실 있는 경영을 지속하고 있습니다.

한편 캐나다에는 북미 신협운동의 아버지로 불리는 알폰소 데잘딩이 설립한 데잘딩 신협이 있습니다. 1900년 캐나다 퀘백의 레비스 시에서 처음 문을 열었고, 지금은 캐나다 최초의 신협이자 안전한 신용협동조합으로 명성을 이어가고 있습니다. 원래 알폰소 데잘딩은 퀘벡 주 의회 서기이자 잡지사 기자였습니다. 기사를 작성하기 위해 국회에 출입하던 그는 가난한 국민의 고리채 문제에 관심이 생겼습니다. 사람들이 가난에서 벗어나는 방법이 무엇일지 고민하던 그는 마침내 신용협동조합이라는 대안을 찾게 되었고, 1900년 9월 20일 고향인 레비스로 돌아가 친한 친구들을 초대해 자신의 비전을 설명했습니다. 훗날 이 모임은 레비스 데잘딩 신협으로 조직되었고, 이 모델을 바탕으로 데잘딩은 캐나다 전역에 신협운동을 전파하기 시작했습니다.

데잘딩 신협은 지금도 경쟁력 있는 금융기관으로 자리 잡고 있습니다. 조합원을 위한 금융기관에 그치지 않고, 지역 활성화를 위한 개발은행의 역할까지 담당합니다. 신협 내 지역 투자 기금을 따로 조성해 지역사회와 기업을 적극적으로 지원하는 것도 데잘딩 신협의 중요 사업입니다.

Q 우리나라 신협의 규모와 자산 현황이 궁금해요.

A 우리나라 신협은 일본, 태국, 필리핀, 말레이시아, 인도 등 아시아 22개국 신협 가운데 자산 규모 82조 1,394억 원(2017년 말 기준)으로 1위입니다.

조합원들의 한결같은 믿음과 사랑으로 성장한 신협은 2017년 말 기준 조합원 596만명, 조합 수 898개, 영업점 네트워크 1,645개를 바탕으로 조합원과 지역민을 위한 금융 서비스는 물론, 조합별로 차별화된 다양한 사업을 펼치고 있습니다.

Q 세계 속에서 우리나라 신협의 위상은 어떤가요.

A 우리나라 신협은 세계적으로도 매우 이례적인 성공 모델로 알려져

있습니다. 설립 초기 대부분의 저개발국가가 재정 지원을 요구하는 데 비해 우리나라 신협은 신협법 제정과 조합원 교육용 연수원 건립 등 인프라를 만드는 데 주안점을 뒀습니다. 특히 오늘날 우리나라 신협의 스마트한 전산 서비스는 다른 나라 신협에도 벤치마킹 대상입니다. 2016년에는 세계신협협의회 이사회가 우리나라에서 열려 한국 신협의 경영 노하우를 나누기도 했습니다.

현재 자산 규모 아시아 1위, 세계 4위인 우리나라 신협은, 그 위상에 걸맞게 저개발국가를 지원하는 데도 노력하고 있습니다. 2014년부터는 아시아신협연합회 소속 개발도상국에 대한 인도적 지원 및 아시아 신협국과의 유대 증진을 위해 열린의사회와 협력해 해외 의료 봉사도 추진해오고 있습니다.

세계 속의 신협

★
전 세계적으로 UN, 백악관,
하버드, NASA 등
세계 주요기구와 학교 등에도
신협이 있을 만큼
신협은 활성화되어 있습니다.
★

신협운동의 확산
1849년 독일 신협 탄생
1866년 이탈리아 신협 탄생
1900년 캐나다 신협 탄생
1909년 미국 신협 탄생
1960년 대한민국 성가신협 탄생

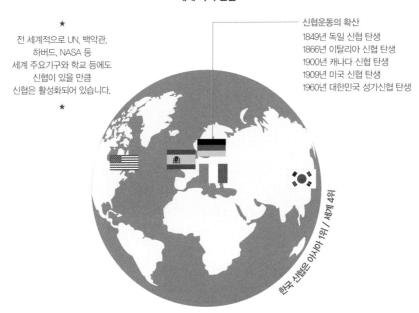

한국 신협은 아시아 1위 / 세계 4위

세계 신협 자산 규모			
1위	미국	🇺🇸	1431조 1천억
2위	캐나다	🇨🇦	293조 3천억
3위	호주		83조 2천억
4위	대한민국		79조 5천억
5위	태국		65조
6위	브라질		33조 2천억

기준: 2017년 8월 현재

전 세계 신협 현황

전 세계 109개국	단위신협 6만 645개
조합원 2억 2227만 명	총자산 2147조

신협을 이용하는 방법이 궁금해요

Q **신협의 예금자 보호 제도는 어떻게 운영되나요.**

A 알다시피 제1금융권이나 저축은행, 우체국 등은 국가로부터 예금자 보호를 받습니다. 하지만 신협은 신협법에 의해 보호를 받습니다. 신협중앙회에서는 신협법 제80조 2항에 의거, 신협예금자보호기금을 설치, 운영함으로써 조합원들의 예금을 보호하고 있습니다. 신협이 파산할 경우, 신협의 모든 거래 조합원은 일반 금융기관과 마찬가지로 원금과 소정의 이자를 합해 1인당 최고 5천만 원까지 예금(출자금 제외) 보호를 받을 수 있습니다. 참고로, 농협중앙회를 제외한 지역 농협도 마찬가지로 농협법에 의해 보호를 받습니다.

Q **신협 조합원이 되면 어떤 혜택이 있나요.**
가입 절차는 어떻게 되나요.

A 신협 조합원이 되면 금융 서비스뿐 아니라 정기총회에 참여해 의결권을 행사할 수 있습니다. 조합에 가입하기 위해서는 주민등록상 거주하는 지역이거나 직장 인근의 지역신협, 소속된 직장의 직장신협, 종교 등 특정 목적으로 설립된 단체신협에 찾아가면 됩니다. 기본적으로 신분증이 필요하고, 직장 인근 신협에 가입하려면 재직증명서

가 필요합니다.

조합원이 되기 위해서는 가입비 개념인 출자금을 내야 합니다. 출자금은 신협의 자본금으로 운영되며, 보통 최소 출자금은 1좌 1~5만 원 정도이고, 최대 1천만 원까지 비과세 혜택을 받을 수 있습니다.

신협 조합원이 되면 다양한 혜택을 받을 수 있습니다. 예금, 적금, 대출, 카드, 인터넷뱅킹, 보험 등 신협의 모든 금융 서비스를 이용할 수 있고, 1인 1표 의결권으로 조합원의 권리를 행사할 수 있습니다.

Q 신협에는 스마트폰 전용 금융상품이 있나요.

A 모바일 결제 시장 활성화에 따라 신협도 모바일 서비스를 강화하고 있습니다. 대표적인 스마트폰 전용 상품으로는 'e-파란적금'을 꼽을 수 있습니다. 신협 전자금융 이용자라면 언제 어디서나 신협 S뱅킹에 접속해 가입할 수 있는데, 급여이체, 자동이체, 체크카드 사용실적, 조합원

가입 기간 등 우대 조건에 따라 우대 이율을 제공합니다. e-파란적금의 우대 이율을 모두 충족하면 시중은행보다 높은 금리를 받을 수 있습니다. 신협은 앞으로 e-파란적금을 필두로 다양한 모바일 전용 상품을 출시할 예정입니다.

Q 한 신협의 조합원이 되면 다른 신협의 상품에 가입할 수 없나요.

A 공동유대 범위에 포함되면 여러 신협에 조합원으로 가입할 수 있습니다. 또 한 신협의 조합원이 되면 다른 신협에서는 별도 조합원 가입 절차 없이 비과세 예금 혜택을 받을 수 있는 간주조합원 제도도 있습니다.

전국의 신협은 사실상 자산 독립체로서 개별 법인입니다. 본인의 공동유대에 있는 신협에서 최소 출자금 1좌 이상 금액을 납부하면 누구나 조합원으로 가입할 수 있습니다.

Q 출자금이란 무엇이고, 출자금 배당은 어떻게 이루어지나요.

A 은행의 이익금은 주주에게 배당됩니다. 하지만 신협의 이익은 조합원들의 출자금에 따라 배당됩니다.

출자금은 조합원이 신협 운영을 위해 출자한 자본금입니다. 거래를 위해 신협 조합원으로 가입하면 1좌 이상의 출자금을 납부하게 되는데, 이때 출자금 통장이 만들어집니다. 출자한 일정 금액에 대해 배당 소득이 비과세되는 통장이지요. 출자금 통장은 비과세 통장으로, 입금 금액에 특별한 제한은 없습니다. 비과세 한도는 1천만 원 이내입니다. 배당 여부 및 배당률은 각 조합의 이사회 및 총회 시 당기순이익 및 재무상태를 고려해 결정됩니다.

신협에 취직하려면 어떻게 해야 하나요?

Q 신협의 채용 방식이 궁금해요.

A 신협은 매년 상반기와 하반기로 나누어 신입직원을 공동채용하고 있습니다. 서류전형, 종합 직무능력검사(공통인 일반상식을 포함해, 선택과목인 민법, 회계, 경제, 경영 중 택1), 최종면접을 거친 다음 일정한 수습 기간을 거칩니다. (전국 공동채용 말고도 조합별 수시채용이 있습니다.)

지원자의 나이, 학력, 전공, 학점, 어학에 관해서는 비교적 제한이 없고, 해당 지역 거주자 및 지역 내 고등학교 또는 대학교 졸업자(졸업 예정자 포함)에 대해서는 가점 혜택을 주고 있습니다.

한편 신협중앙회에서도 매년 1회 공채를 진행합니다. 자기소개서를

신협 인재 채용

공정한 선발   협동조합 가치 이해   현장 전문가 우대

신협은 공정한 과정을 통해 지역 밀착형 인재를 채용하고 있습니다.

포함한 1차 서류전형, 2차 필기고사, 3차 1단계
면접, 4차 2단계 면접 순입니다. 모집 부문은 일반
직군, 전문직군, IT직군입니다. 상경계열뿐 아니
라 다양한 분야의 전공자들에게 취업 기회가 열려
있고, 지역 인재 선발을 장려하는 등 현장 밀착형
신협 전문가를 우대합니다.

신협은 주주의 이익이 아닌 조합과 조합원 발전을 목적으로 설립한
조직이므로, 금융, 경제, 어학 성적 못지않게 문학, 철학, 역사 등 인
문학적 소양과 공동체를 지향하는 협동조합의 가치를 이해하는 것이
중요합니다.

행복한 경제를 위한 100년의 약속

따뜻한 금융, 희망을 그리다

1판 1쇄 발행 2018년 4월 27일
1판 2쇄 발행 2018년 6월 15일

지은이 배미정 성초롱 박윤예
사장 김재호 | **발행인** 임채청
출판편집인·출판국장 박성원 | **콘텐츠비즈팀장** 정위용 | **편집장** 박혜경

펴낸곳 동아일보사 | **등록** 1968.11.9(1-75) | **주소** 서울시 서대문구 충정로 29(03737)
편집 02-361-0967 | **팩스** 02-361-0979
홈페이지 http://books.donga.com | **인쇄** 중앙문화인쇄

저작권 ⓒ 2018 배미정 성초롱 박윤예
편집저작권 ⓒ 2018 동아일보사

이 책은 저작권법에 의해 보호받는 저작물입니다.
저자와 동아일보사의 서면 허락 없이 내용의 일부를 인용하거나 발췌하는 것을 금합니다.
제본, 인쇄가 잘못되거나 파손된 책은 구입하신 곳에서 교환해드립니다.

ISBN 979-11-87194-60-6 03320 | **값** 15,000원

이 도서의 국립중앙도서관 출판예정도서목록(CIP)은 서지정보유통지원시스템
홈페이지(http://seoji.nl.go.kr)와 국가자료공동목록시스템(http://www.nl.go.kr/kolisnet)에서
이용하실 수 있습니다.(CIP제어번호: CIP2018010249)